成功啦！哪次不成功

完美套用的成功學心法

王郁陽——著

——比努力更重要的六大關鍵！本書獻給總是離成功差一步的你

「少占便宜，多吃虧？」

「會賺錢更要會花錢！去花錢！！去消費！！！」

「交友不慎等於自殺？」

「說話直來直往是坦率？給你的嘴巴找個守門員啦！」

目錄

第二章 捕捉人際交往的「潛規則」

目錄

目錄

目錄

序

子曰：「知者樂水，仁者樂山；知者動，仁者靜；知者樂，仁者壽。」孔夫子以山水形容仁者智者，形象生動而又深刻。這正如朱熹在《論語集注》裡面的討論：「沒有對仁和智極其深刻的體悟，絕對不能作出這樣的形容。」

這裡的智者也就是那些成功的人。他們處事果斷，反應敏捷而又思想活躍。成為一個成功的人是我們每個人的追求，即使力不能及，也要心嚮往之。

對於成功者的認知，每一個人都有不同的標準。但是凡是成功的人具有相同的特性。在印度流傳著這樣一個故事。

一位少年立志要成為一個成功的人，可是他不知道怎樣的人才能算是成功的人。於是，他穿過千山萬水，去請教一個老者。

少年來到了老者的面前，老者慈祥的問他：「孩子，你有什麼事情嗎？」

少年回答：「我想成為一個成功的人，請您告訴我，如何才能成為一個成功的人。」

老者聽後，看著這個少年，笑著說：「在你這個年齡就有這樣的想法，真是很難得。成功者其實也就是智者，智者也就是一個自己快樂，也能夠讓別人快樂的人。」

少年認真地聽著，對於老者的話還是不能理解，於是又問道：「那怎樣做才能既讓自己快樂，也讓他人快樂呢？」

「你只要記住四句話，就可以做到了。」老者回答說，「第一句就是『把自己當成別人』。」

「把自己當成別人？」少年重複著，「是不是就是說不要被自己的情緒所完全掌控，痛苦的時候把自己當成別人，痛苦就會減輕一點；得意忘形的時候，把自己當成別人，就能重新審視自己，發現自己的不足之處？」

老者微微點頭，他很滿意少年的答覆。然後接著說：「第二句話是『把別人當成自己』。」

少年想了一會兒，說：「這句話的意思就是，我要做到設身處地的去為他人著想，這樣才能夠做到真正地瞭解別人的難處，瞭解別人的需求。」

老者沒有想到少年的悟性如此之高，不由得雙眼為之一亮，繼續說道：「第三句話是『把別人當成別人』。」

少年沉思了許久，說：「這就是說每個人都有自己獨立的一面，所以我要尊重別人的隱私。」

老者聽後哈哈大笑，連忙說道：「不錯，真是孺子可教也！這第四句話有些難懂，

你可以留在以後的日子中慢慢體會！這句話就是『把自己當成自己』。」

少年冥思苦想了許久，也沒有想到是什麼意思，只好說：「我一時體會不出這第四句話的含義。但是我覺得這四句話之間就有許多自相矛盾的地方，我用這樣能把它們統整起來嗎？」

老者說：「這就需要你用一生的時間去經歷和體會了。」

少年聽後，輕輕地點點頭，然後叩首告別。

後來這個少年長大了，然後成長到了那個老者一樣的年齡，很多人跋山涉水來向他請教成功之道。再後來在他離開這個世界很久以後，人們都還時常提到他的名字。人們都說他是一個真正成功的人！

故事中沒有提到少年到底有沒有參透第四句話，但是從人們對他的評價看來，少年一定是參透了，因為在人們心中，他儼然已經成為了成功的人。其實，把自己當成自己是最簡單的事情，也是最難的事情。自己本身就是自己，但是在滾滾紅塵中，就很容易變成「別人」，在理解他人，幫助他人，學習他人的情況下，仍然能夠堅持自我的本色，是一件很不容易的事情，完善自己，不是讓自己變成和優秀的人一樣優秀的人，而是比優秀的人更加優秀，比從前的自己更加優秀的人。這樣你才能算是成功之人。

「把自己當成別人」是「忘我」；

序

「把別人當成自己」是「慈悲」；

「把別人當成別人」是「智慧」；

「把自己當成自己」是「境界」。

只有你做到前三句話，你才能達到第四句的境界，這是需要我們用一輩子去經歷的。

成功的人是無處不在的，他們之所以能夠成功，是因為他們能夠認識自己，寬容他人，面對金錢依然秉持自己的原則，這不但不會影響他們的事業，反而會令他們成為事業中的佼佼者，同時，成功的人會處理好和朋友之間的關係，總會及時感恩生命中的每個人。

這是古今中外的成功人士，在他們的生活中表現出智慧的一面，這是值得我們去借鑑和學習的。翻開這本書，閱讀那些成功人士的生活智慧，讓自己也能成為一個成功的人士吧。

第一章　認識更強大的自己

在這個世界上只有你才能真正幫助你自己，你是這個世界上唯一的中心思想。只有你在思考，你在行動，你把自己當作是自己人生戲劇的真正主角，這個世界的一切才能透過你的頭腦，你的身體，對你發生意義！

留下思考的時間

如今，社會發展的腳步快了，人們為了跟上社會發展的腳步，也不由地加快了自己的腳步，跟著身邊的每一個人，行色匆匆，很少有人會停下腳步，思考一下自己現在的人生。

所以當我們面對生活中的一些難題時，就會感到束手無策，這時只要我們停下忙碌的腳步，留下一些時間去思考，勇於另闢思想的新徑，很多問題都可以迎刃而解，同時也使我們不斷地獲得進步。在我身邊就有這樣一個事例。

前幾日，在社區裡發現了一個名為「小飯桌」的家庭餐廳。每天從那裡路過，都忍不住會想，它為什麼叫做「小飯桌」。我還沒去一探究竟，兒子就和我提起了這件事。

那天兒子放學一見到我就說：「媽媽，星期六你能不能也帶我去『小飯桌』吃飯，我同學每天中午都在那裡吃飯，他說那裡的飯特別好吃。」為了滿足兒子的好奇心理，我答應了他。

週六我們來到了「小飯桌」，當老闆娘把做好的飯菜放在我們面前時，我和兒子都不由得張大了嘴巴，驚嘆道：「這是我們平時吃的飯嗎？」擺在我們眼前的分明是動畫片中的豬八戒，白白的米飯是肚皮，土豆牛肉像袈裟一樣「披在」米飯上。大大的肚子上

有一個寬寬的，海帶做成的腰帶，臉是南瓜泥，眼睛是黑豆，耳朵是火腿片。不要說是孩子，就連我這個大人看了都忍不住垂涎三尺。

趁著兒子大快朵頤的時間，我和老闆娘聊了起來。我說到自己很佩服她能想出「小飯桌」這樣的創業點子。她笑著說：「都是生活給逼出來的！」以前她在外資企業上班，朝五晚九。孩子才上一年級就自己解決午餐，一次因為吃了不衛生的東西引起了食物中毒，她才意識到這樣下去是不行的，於是果斷地辭職了。生活的壓力讓她不得另想賺錢之道。一兩個月過去了，她都沒想到合適的。直到有一天，她去接孩子放學，看到一個七八歲的小孩走進一家衛生環境極差的餐廳，那一晚她失眠了，經過一晚上的思考，她決定在自己家中開一家「家庭餐廳」，針對的族群就是附近小學中，父母中午沒有時間做飯的小學生。

很快她把想法落實到了行動上，一個星期後，「小飯桌」就開張了。第一個月就有十多個學生在她的「小飯桌」吃飯了。結果到了第二個月，人數減了一半，她不解的去問學生的家長，學生的家長告訴她，因為她做的飯不符合孩子的口味。這該怎麼辦？不可能根據每個人的口味來做飯，那樣既浪費時間，又提高了成本。就在一籌莫展之際，她路過一家壽司店，看到了被做各種形狀、各種圖案的壽司，她靈機一動，既然味道不能統一，那就利用孩子的兒童心理，在外觀上吸引他們。經過半個多月的琢磨和試驗，李媽媽的兒童餐就這樣問世了。

現在她面臨的問題不再是怎樣才能留住「小飯桌」的顧客，而是如何才能讓那些排隊等候已久的顧客進入她的「小飯桌」。我相信她一定可以想到辦法，因為她有一顆善於思考的大腦。

不止一個媽媽在為孩子吃飯的問題而煩惱，包括我自己也曾經是其中的一員，可是只有她想到了這個辦法。可見思考可以促使人成功，而生活正是因為這一次次成功才十分精彩。

如果我們只知道事物應該是什麼樣，可以證明我們是個聰明人。如果我們能知道事物實際是什麼樣，可以說明我們是個有經驗的人。如果我們能想出怎樣讓事物變得更好，才能說明我們是個有才能的人。一個懂得思考的人，不僅僅能給自己帶來成功，也能把自己透過思考得來的想法運用到工作中，為自己的公司帶來成功。每天刷牙的時候，看到牙膏就會想到一個關於牙膏的故事。

一個生產牙膏的工廠，他們的牙膏銷量一直非常好。隨著生產牙膏的工廠越來越多，他們的銷量漸漸不如從前。嘗試了許多辦法來改善，但是銷量依舊上升的不明顯。於是，董事長召集廠內所有的員工開會，只要有人能想出好的辦法，就給三萬元獎金。儘管獎金數目驚人，可是經過多次的改良都未見成效的人們，許久都不敢吭聲。這時，一個年輕人說：「把牙膏開口擴大一公分。」這個決定，使該廠營業額在四年內增加了百分之三十二。

我相信包括董事長在內的每一個人都會刷牙，卻只有這個年輕人想到了透過擴大牙膏口來增加銷量。一個蘋果，牛頓（Isaac Newton）發現了萬有引力定律；開水頂起壺蓋，別人司空見慣的事情，瓦特（James Watt）卻因此發明了蒸汽機；我們每天接觸的商品，只有馬克思（Karl Marx）從中揭示了資本主義剩餘價值規律。牛頓，瓦特、馬克思和我們一樣，都只是一個普通人，但是他們卻能成為普通人中的偉人，關鍵就在於，他們對生活處處留心，凡事都能問個為什麼。如果我們善於思考，那麼我們每個人都具備做偉人的潛質，不見得要做出什麼驚世駭俗的事情來，但至少可以使我們的生活更具有智慧。

【進取之道】

思考比知識更重要，因為知識是有限的，而思考卻概括著世界的一切，是知識進化的源泉。每天留出一點時間來思考，不要讓思想陷入死角，否則你的智力就會在常人之下了。

將殘局下成一盤好棋

人生不是一開始就意味著只有一個結尾，人們常說，凡事由有天注定，這是一種非常消極的思考方式。對於我們自己存在的問題，上天是無能為力的，只能靠我們自己去改變。

當遇到一些挫折時，人們往往輕易放棄繼續前進的信念，人生路漫漫，難免有走錯的時候，但是走錯了不代表著無法回頭了，相反如果你不放棄，也許你會走得更精彩。在這一點上，動物往往能夠表現出異於常人的毅力。這點很值得人類去學習。

一隊考古人員，路過一個廢棄已久的村落，當他們準備在那裡休息一晚的時候，聽見不遠處傳來動物的叫聲。好奇心使然，他們尋著叫聲，來到了一口廢井旁。

原來是一頭驢掉進了這口廢井裡。驢子看見了人類，不停地發出哀叫聲，希望人們能把牠救出去。然而考古隊員們試了很多辦法，都沒能把這隻驢子救上來。這該怎麼辦呢？這時其中的一個隊員說：「與其讓牠在絕望中等死，不如把牠活埋了，給牠減輕點痛苦。」

他的想法得到了大家的認同。於是，大家就拿著鐵鍬開始往井裡面填土。井底的驢子似乎意識到人類已經放棄了救牠出來的念頭，大聲地嚎叫起來，還不時地用前蹄撐起身子，為自己的生命做最後的努力。

泥土一鍬一鍬落在驢子的身上，驢子絕望了，停止了哀叫。正當隊員們以為驢子已經接受死亡的結果時，令人驚訝的一幕出現了，每當一鍬土落在驢子的身上時，驢子就迅速地把土抖掉，然後用蹄把土踩實。

就這樣，驢子將大家鏟倒在它身上的泥土全數抖落在井底，然後再站上去。最後，驢子在隊員們驚異的目光中從井裡一躍而上，迅速地逃離了人們的視線。

我們的生活中也會遇到這樣的事情，那些困難就是壓在驢子身上的泥土。驢子教會了我們，走出絕境的祕訣是拚命抖落掉在身上的泥土，使之成為自己向上的台階。我們每一個人都有可能成為這則寓言裡的驢，不知不覺中就走入了人生的低谷。有的人，也許就會從此自暴自棄，放棄了可能爭取到的希望。有的人，也許會養精蓄銳，等到合適的時間一躍而起。

曾經在網路上看到一個影片，影片中的人沒有腿，沒有手掌，看起來像一個怪物。但是他臉上的神情是自豪的，是激動的，他的演講獲得了台下的陣陣掌聲。看完後，我特意在網上查閱了他的資料，不禁被他經歷折服。

這個人叫席里科。四十六歲時，他由於機車事故被嚴重燒傷。四年後又因飛機事故，腰部以下癱瘓。臉因為植皮變成彩色，手指全沒了，雙腳萎縮行動不便。於是，輪椅成了他最親密的夥伴。

這期間，席里科做了大大小小十六次手術，全身百分之六十五的皮膚都因為燒傷而植皮。術後，他無法自己吃飯，因為他無法拿叉子，也無法打電話，更不要說是上廁所等最基本的活動了。然而，面對這不幸的一切，席里科雖然也痛苦、傷感過，但他並沒有就此放棄自己，他說：「我有能力掌握我的人生之舟。同樣，目前的狀況既可以說是倒退，也可以說是新的起點。」

結果真的就像他說的那樣，六個月後，席里科便駕駛著飛機又飛上了高空。後來，他還創建了一家公司，這家公司又發展成為佛蒙特州的第二大私人公司。而且，他還勇敢地站到台前演說，給人們鼓勵，成了頗受歡迎的演說家。

就像席里科說的那樣，也許是倒退，但是更多的是新的起點。當你覺得你的人生無路可走時，你不妨試著向一個積極的方向邁進，勇敢地走出幾步，走著走著也許你就會發現，原來路已經在你的腳下了。如果你不試著邁出那一步，你就永遠不會知道前方的風景有多美。魯迅先生也曾說過：世上本沒有路，走的人多了，也便成了路。

人生若只是一條直線，從頭走到尾，沒有懸念，沒有低谷，也沒有遺憾，那麼這樣的人生就不會有驚喜，不會有高潮，也不會有完美。只有像一條曲線的人生才是豐富多彩的，也許你會碰到挫折，但只要你戰勝了它，繼續前進，你不知道成功會在哪個轉角

處等著你。當你覺得人生無法再繼續時，想一想陸游的那句「山重水複疑無路，柳暗花明又一村。」為自己找些動力，即使是跌倒了，也要爬起來再哭。

【進取之道】

人生就像是一盤棋，技術再高明的人，也有下錯的一步。就看你是選擇一步錯，步步錯，還是選擇反敗為勝了。

用謙虛給自己定位

我們常常說：「謙虛使人進步，驕傲使人落後」、「謙受益，滿招損」、「虛心竹有低頭葉，傲骨梅無仰面花」、「百尺竿頭，還要更進一步！」……這些用來形容謙虛的詞彙多不勝數。然而現實中不僅僅只是空有這些讚美的詞彙，更有數不盡的名人軼事為佐證。

中國的歷史源遠流長，梅蘭芳這個名字一直被老一輩人所熟知，直到電影《梅蘭芳》上映後，越來越多的年輕人也知道了梅蘭芳。

梅蘭芳是中國著名的京劇大師，在京劇上的造詣曾享譽國內外，是京劇界的首屈一指的佼佼者。除了在京劇藝術上有很深的造詣，他還是國畫大師。他曾拜名畫家齊白石為師，毫不顧忌自己著名演員的身分，謹守弟子之禮，尊師重道，常常為師傅鋪紙研磨。

如果說因為齊白石是名畫家，梅蘭芳在他面前表現出謙虛的一面純屬正常，那麼能夠稱一個普通人為師，就足以見得梅蘭芳是何等的謙虛了。

一次他演出京劇《殺惜》時，在眾多喝彩叫好聲中，他聽到有個老年觀眾說「不好」。梅蘭芳來不及卸妝更衣就用專車把這位老人接到家中，恭恭敬敬地對老人說：「說我不好的人，是我的老師。先生說我不好，您一定有所見地，請賜教，學生一定改正。」老人指出：「閻惜姣上樓和下樓的台步，按梨園規定，應是上七下八，而你為何是八上八下？」梅蘭芳聽後恍然大悟，連聲稱謝。之後梅蘭芳經常請這位老先生觀看他演戲，請他指正，並尊稱他為「老師」。俗話說：「山外有山，人外有人。」任何人都沒有驕傲的資本，包括梅蘭芳。就算一個人在某一方面的造詣很深，也不能夠說他已經徹底精通了。因為任何一門學問都是無窮無盡的海洋，都是無邊無際的天空。謙虛向來是中國的傳統美德，但是這並不是說在外國就不需要謙虛了，其實國外也不乏謙虛的事例。比如二十世紀最偉大的科學家之一愛因斯坦（Albert Einstein）。

愛因斯坦相對論（Theory of relativity）以及他在物理學界的影響力是全世界有目共睹的。但是他並沒有因為自己已經取得的成就而故步自封，在有生之年中仍然不斷地在學

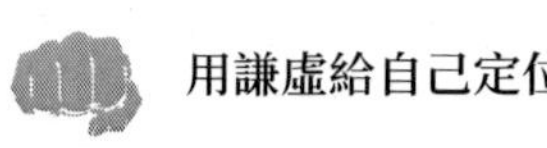

習、研究，真正地做到了活到老，學到老。

當別人問他為什麼在達到了那麼高的成就以後，還要繼續不斷地學習，而不是舒服地安享天年。愛因斯坦沒有直接回答他，而是在一張紙上畫了一大一小兩個圓圈，然後說：「目前，在物理學這個領域裡可能是我比你懂得略多一些。你所知的是這個小圓，我所知的是這個大圓，然而整個物理學知識是無邊無際的。大圓與之接觸的面大，所以我更感到自己未知的東西多，所以才更加努力地去探索。」

愛因斯坦用一個形象的比喻，闡述了一個深刻的道理。即使你達到了頂尖的境界，也不能夠認為自己已經達到了最高境界而停滯不前、而趾高氣揚。這樣，等待你的將是很快被同行趕上、很快被後人超越。一些媒體經常會說「只有強者才能得到尊重」。事實上是：強者令人害怕，只有謙虛的強者才能得到尊重。美國總統歐巴馬（Barack Obama）一上任，就對世界說：「我們犯過錯誤」，不管是真心還是假意，這一謙虛很大程度上扭轉了之前美國留給世界的印象。

但是，值得注意的是，謙虛是一種美德，不是一種裝模作樣，更不是故意貶低自己，醜化自己。有的人把顛倒是非當作「謙虛」，有時甚至把謙虛變成了表演，這樣就會給人一種虛偽的感覺。虛偽與謙虛是背道而馳的。虛偽是情感的假面具，是一種為了掩飾而裝出來的假像。然而這種謙虛的人還不在少數。

古時候就有一個人，他有兩個長得如花似玉、國色天香的女兒。但他認為做人應謙虛，所以他從不誇女兒漂亮，常常對別人說他的女兒長得醜極了。時間一長，大家都知道他的女兒相貌醜陋。

眼看到了女兒出嫁的年齡，卻沒有一個人上門提親。這時，這個人才開始著急，只能降低自己擇婿的標準。這時，有個叫王石的單身漢，因為家裡窮而且其貌不揚。人到中年還沒有娶到老婆。心想，醜就醜吧，總比沒有老婆好。於是他便娶回了這個人的大女兒。

洞房花燭夜，他才發現自己的老婆簡直是仙女下凡！王石欣喜若狂，四處宣揚自己娶了一個漂亮的老婆。是他的丈人太過謙虛了，故意醜化自己的女兒！經過王石的宣揚，小女人不久也嫁出去了。

由此可見，謙虛是美德，但不要過分，過分了就是虛偽。正確的態度應該是：好就是好，不好就是不好，要實事求是。真正謙虛的人，就像梅蘭芳和愛因斯坦一樣，不是不知道自己好，而是明知道自己好，還覺得自己不夠好，然後努力讓自己變得更好。用謙虛給自己定位，同時要把握住一個「度」，一是不能有表演性質；二是不要矮化自己，矮化自己也是矮化對方。

【進取之道】

我們每個人都要養成一個「虛懷若谷」的胸懷，都要有一種「謙虛謹慎、不驕不躁」的精神，用我們有限的生命時間去探求更多的知識。

機會只有一分鐘

有人說：人生有四樣東西會一去不返，說過的話、潑出的水、度過的年華和錯過的機會。也有人說機會就像是一個小偷，來的時候無聲無息，走的時候你的損失慘重。這樣的形容貼切而且形象。機會就是這樣，當我們意識過來的時候，早已錯過了。機會是短暫的，短到什麼程度，如果你有手錶，你可以看一下，它的長度相當於一秒鐘。

所以，當機會來臨時，你要用力緊緊抓住，不要像下面這個寓言中的教徒一樣，看著機會從手中溜走。

約翰是一個很虔誠的教徒，他每天都會對著上帝禱告，為上帝祈福。幾十年來從未中斷過。終於上帝被他感動了。一天晚上，上帝走進了約翰的夢裡，告訴他說：「今晚要發洪水，你不要怕，我會來救你的。」

果然，到了後半夜，就發生了山洪。這時，村民逃命的逃命，呼救的呼救，只有約翰雙手合十地禱告起來。這時，有個人過來勸他快跑，他卻說：「你們跑吧，我等著上帝來救我。」不一會兒水就淹沒了半個屋子，他只能坐在高高的立櫃上，這時，一塊木板漂了過來，他想著上帝會來救他的，於是他放棄了。水越漲越高，約翰只好坐到了房頂上，心裡想著：「上帝怎麼還不來救我？」這時，救援隊趕到了，救援人員讓他上船，可他就是不肯不上船，偏偏要等上帝來救他。最後，救援人員無奈地走了。

約翰直到被洪水淹死，也沒有等到上帝來救他。到了天堂，約翰十分氣憤地譴責上帝：「你說會來救我，我那麼信任你，最後等到死，也沒有等到你。」上帝聽了他的話也很生氣，反駁道：「我怎麼沒有去救你？我先派去一個人，讓你趕快逃跑，你不聽；然後我又扔個木板給你，你不用；最後，我只能派人划船去接你，人家等得天都黑了，結果你就是不上船！明明是你自己沒有把握住求生的機會，反倒怪我沒有去救你。」

像約翰這樣的人，即便是碰上好運氣，遇到了有利的情況，可是由於司空見慣，或者思想沒有準備，或者不懂得審時度勢，頭腦不敏感，粗心大意等，都會錯過良機。善於利用時機，才會更容易取得成功。這是成功的一項基本要訣，所以要讓自己時刻處於「備戰」狀態，當機會降臨時，就可以一下子抓住它了。

一個英俊的年輕人，他和農場主人的漂亮女兒相愛了。可是農場主人嫌棄他是一個窮小子，不肯把女兒許配給他。經過他的再三請求，農場主人決定給他個機會。

於是，農場主人讓他站到外面的田地裡，說：「我會放三頭牛出來，一次放一頭，你能抓住任意一頭的尾巴，我就把女兒許配給你。」然後，年輕人就站在牧場上等第一頭牛出來。牛圈門打開了，從裡面跑出來一頭體形龐大的，看起來最可怕的一頭牛。

年輕人有點害怕，但是為了心愛的人，他只能咬緊牙，猛地向牛撲了過去，結果只抓到了幾根牛毛，自己還摔了一跤。等他起來，牛已經跑得沒影了。這時，牛圈的門又一次打開，這次這頭牛更大了，更兇猛了，牠站在那裡像一頭獅子一般怒視著他。年輕人這次反而不怕了，有了上一次的經驗，這次他發誓一定要抓住牛的尾巴。果然，年輕人輕而易舉地抓住了牛的尾巴，而且也沒有受傷。

正當他準備把第三頭牛的尾巴也抓住時，牛圈的門打開了，出來的卻是農場主人，只見農場主人滿臉笑容地告訴他：「恭喜你，年輕人，你抓住了機會，通過了我的考驗。」說完把他領向牛圈，指著一頭瘦骨嶙峋，看似病懨懨的牛說：「這是第三頭牛。」年輕人剛要後悔自己為什麼不再等一等時，卻發現這頭牛根本沒有尾巴。

人生中的機會就是故事中「牛的尾巴」，是不能等的。一旦出現了，就要用最快的速度抓住，也不要企圖等著下一次再去把握，因為機不可失。很多機會都是在我們的等待中丟失的。就比如，一個人的太太一直想要他送花給自己，可是這個人認為一生很漫長，等有了錢再送也不遲。可是沒想到的是，還沒等到他有錢，他的太太就因為意外去世了。在他太太的靈堂上，他鋪滿了鮮花，卻再也看不到他太太收到花時幸福的表情。這時候，他才開始後悔自己錯過了那麼多美好的時機。

錯過的機會，就像是流逝的時間，是有去無回的，把握不住那難能可貴的時機，留下的就是不勝唏噓的遺憾。要善於抓住時機，只要善於把握，任何事情後有成功的機會。

【進取之道】

機會是短暫的，成功的三分之一都來自於機會。所以成功人也是少數的，要想成為這少數人中的一員，就要善於抓住稍縱即逝的機會。

跳出你心中的高度

出生的嬰兒都是一樣的，沒有什麼不同，但是隨著年齡的增長，有的人成為了成功人士，有的人成為了普通人，有的甚至還不如普通人。究其原因，除了各自的機遇不同，努力程度不同，還有就是，成功的人能夠挖掘出自己身上的潛質，並能夠充分地發揮出來。然而我們大多數人，在經歷了人生的一次又一次轉捩點後，就把自己給「定型」了。

據科學家研究，即使是最偉大的發明家也只是運用了頭腦能力的百分之十，普通人則用的更少。毫不誇張地說，人的潛能幾乎是無窮無盡的，只要你能夠相信自己做得到，就能夠挖掘出自己都無法預料的能力出來。愛迪生（Thomas Alva Edison）就曾說過：「如果我們做出所有我們能做的事情，毫無疑問地會使自己大吃一驚。」所以，不要把自己局限在一個範圍中，要勇敢地去挑戰自己。有人曾經用跳蚤做過一個實驗：

如果把跳蚤放在一個玻璃杯裡，你會發現跳蚤能夠輕而易舉地跳了出來，因為跳蚤跳的高度是身高的四百倍以上，這時，在杯子上放上一個玻璃蓋，然後再把這個跳蚤放進杯子裡。「嘣」的一聲，跳蚤跳起來後，重重得撞在了玻璃蓋上，跳蚤十分困惑，一次次跳起，一次次被撞，跳蚤變得聰明起來了，牠開始根據蓋子的高度來調節自己所跳的高度。後來，這只跳蚤再也沒有撞擊到這個蓋子，而是在蓋子下面自由地跳動。

三天以後，當把杯子上的蓋子拿開後，就會發現這個跳蚤還在那裡跳，但是它的高度依然不會超過杯蓋的高度，儘管此時杯蓋已經不存在了。一週以後，這隻可憐的跳蚤還在杯子裡跳，這時，它已經無法跳出這個杯子了。

如果想要跳蚤跳出來，只需那一根小棒子，突然重敲一下杯子。或者拿一個酒精燈在杯子底部加熱，當跳蚤熱的受不了的時候，牠就會「嘣」的一下跳出來。

多麼像我們人有些時候，在追求夢想的路上碰壁後，就不敢再去追求，不是追求不到，而是在自己的心裡默認了一個「高度」，這個高度時常地暗示他自己，成功是不可能的。這是沒有辦法做到的，這樣的想法說明你還沒真正地了解自己。一個人只有正確的認識了自己，才能不斷地超越自己。首先，你要有自信心，認為自己做什麼事情都能成功，只有了解到透過自己的努力，自己一定能達到目標。這樣，你就不會為一點困難而退縮，同時，還能夠發現更強大的自己。曾經參加過越南戰爭的史蒂芬就用行動證明了這一點。

參加越南戰爭的時候，史蒂芬被流彈擊中了背部。經過醫院的搶救，他擺脫了生命危險，但是醫生和他說，他只能在輪椅上度過後半生了。

出院後，史蒂芬終日與輪椅為伴，意志也日漸消沉，經常藉酒消愁。一次史蒂芬從酒吧出來，坐在輪椅上準備回家。忽然從暗處闖出來三個搶匪，他們搶走了史蒂芬身上的錢，史蒂芬大聲地呼救聲引起了搶匪的不滿，他們竟然用火點著了史蒂芬的輪椅。情急之下，史蒂芬竟然忘記了自己的腿是殘疾的，他站起來就開始跑，最終逃過了這一劫。

事後，史蒂芬說：「如果我沒有忘記自己不能夠走路，那麼我將被火燒傷，甚至被燒死。」

在奔向成功的路途中，困難或多或少總是擋在我們面前。它藐視著那瞻前顧後的懦弱者，恐嚇著那畏縮不前的膽小鬼，無情地嘲弄著那些稍遇挫折就輕易放棄的外強中乾者。如果不去嘗試，你永遠不可能知道自己能發揮多大的潛能。

海倫．凱勒（Helen Adams Keller）說：「身體上的不自由終究是一種缺憾。我不敢說從沒有怨天尤人或沮喪的時候，但我更明白這樣根本於事無補，因此我總要極力控制自己。」一個生活在無聲黑暗中，幽閉在盲聾啞世界裡的女子，終究在心中無數鬥爭中選擇了走出陰影，靠著一顆不屈不撓的心，在追逐成功的過程中創造了奇蹟！更何況我們一個身體健全的人呢？

【進取之道】

不要因為自己覺得「不可能」就不去嘗試，世界上最高的山峰不是聖母峰，而是你自己，只有不斷去探索自己，發現自己，才能超越自己，達到更高峰。

單純是人生最輕的行李

人常常會有這樣的感覺，在社會上闖蕩的時間久了，就會覺得很累，這種「累」多半來源於心理。這是因為你心裡面裝的東西太多了，其實只要你放下一些東西，只拿著「單純」上路，你會發現人生變得輕鬆很多。

第一章　認識更強大的自己

《三字經》的第一句就是「人之初，性本善」。每一個成年人都會懷念自己的幼年時光，原因就在於，人在少年時，思想是單純的，可以想哭就哭，想笑就笑，沒有什麼不可以，所以會感覺到很輕鬆。長大了，思想就會變得複雜，想哭的時候，要假裝自己在笑，想笑的時候，又不敢笑的太大聲。以前都可以的，變成現在的什麼都不可以。事實上，從你生下來的那一刻起，社會就是這樣的，複雜而多變。然而你卻是簡單的、透明的，改變你的不是社會，是你自己。如果時刻保持著一顆孩童般的心，世界也會單純起來。

一次，同事和我說起他三歲的兒子，那孩子剛剛上幼稚園。一天放學回家，問他媽媽：「媽媽我是從哪裡來的？」同事知道，隨著孩子年齡的增長，總有一些敏感的問題沒有辦法逃避，幸好同事之前看過一些育兒方面的圖書。於是胸有成竹地解釋道：「幾年前，爸爸在媽媽肚子裡放了一個種子，然後……」我同事說地津津有味，自己都被自己講故事的天分折服了。只見那孩子還是一臉迷惑，不但沒有聽懂，好像更迷糊了。

良久，同事終於講完了整個過程。沒想到兒子卻疑惑地說：「怎麼其他的小朋友有從古城路來，有從新華路來。而我怎麼來的這麼複雜？」一時間，同事無言以對，繼而哈哈大笑。

這就是大人和小孩的區別。我想每個人都會被孩子的單純所逗樂，這就是單純的魅

力。和一個單純的人在一起，你會因為他的單純而感到輕鬆；而當你自己成為那個單純的人時，你自己就會感覺到快樂，同時，你也能把這份快樂帶給其他人。《圍城》的作者錢鍾書，就是這樣一個人，他身邊的朋友不僅佩服他學富五車，更加欣賞他做人的態度。

錢鍾書在清華工作的時候，和林徽因是鄰居。那時他養著一隻非常聰明的小貓。這隻小貓，經常和鄰居林徽因家的小貓打架。每到半夜兩隻貓打架的時候，不管多冷，錢鍾書就急忙拿起自己早就備好的長竹竿，幫自己的小貓打架。

除了對貓表現出童真的一面，對自己的家人也是如此。錢鍾書的妻子楊絳也曾回憶說：「我們在牛津時，他午睡，我臨帖，可是一個人寫字很困，便睡著了。他醒來見我睡了，就飽蘸濃墨想給我畫個花臉。可是他剛落筆我就醒了，他沒想到我的臉皮比宣紙還吃墨，為洗淨墨痕，臉皮都快洗破了。以後他不再惡作劇，只給我畫了一幅肖像，上面再添上眼鏡和鬍子，聊以過癮。」

如果你問錢鍾書：「生活怎麼樣？」他一定會回答說：「生活簡直是美妙極了。」

人們都喜歡與單純的人交往，因為與單純的人交往使人輕鬆自然，不用耗費心機，不用防範戒備。這倒不是說單純的人智商低，可以隨意欺騙和糊弄，而是說他們心地純淨、謙和、寬容、有親和力，和他們交往讓人感到舒服、自然、輕鬆、愉快。這種人往往很有內涵，有自己的觀點和想法，甚至在某一個領域有很深的造詣。但是，他們在為人處世時卻截然相反，以單純的一面示人，把過人的心智放在更有價值和更有意義的事情上。這就是荀子所說的：溫和如玉，完美純正。

也許有的人會說：「世界這麼紛雜，太過單純就會吃虧。」確實是這樣，但是也不完全是這樣。對待一些難以理解和棘手的問題時，如果我們想得太簡單，就容易忽略一些重要的因素，這時候，就需要你把事情考慮得周全一些。然而生活中不是時時刻刻都要面臨複雜問題的，這時候，你就應該讓自己回歸單純的本色。不要錯誤地以為，單純就是愚蠢。愚蠢是真的什麼也不懂，分不清善惡，不懂得好壞；而單純是什麼都懂，知道善惡，分得清好壞，只是，單純的人，不會把壞的想得更壞，更不會把好的想成是壞的。

【進取之道】

單純就是：想哭就哭，想笑就笑，不要因為世界虛偽，你也變得虛偽了。少欲望、多一點赤子之心，你的人生就會很快樂、很輕鬆。

小勝靠智，大勝靠德

記得看《新方世玉》時，雷老虎那句「以德服人」給我留下了深刻的印象，本是搶親的蠻人，卻因為一句「以德服人」增添了許多可愛。直到時間過去很久，時不時地想起來琢磨一下，發現看那個電視劇最大的收穫就是這句話了。

以德服人，才能讓人從心底裡佩服。一個聰明的人，會得到他人的讚賞；一個道德高尚的人，得到的是他人的敬重，因為在他身上所散發出來的人格魅力，是所有人都無法抵擋的。從古至今，凡是有所大成就的人，都是才德兼備的。比如，三國時期的劉備。

劉備臨終前，還不忘叮囑劉禪要「惟賢惟德」，這是劉備一生的成功心得。論治國之能，劉備遠不及魏武帝曹操，卻能收攬關羽、張飛、趙雲及諸葛亮等一群文武奇才，就是因為他能夠以德服人。上至官兵，下至百姓，沒有一個不為他歌功頌德，劉備因此才能由一個賣鞋小販奮鬥到三分天下有其一的蜀漢皇帝。

走上政治舞台後，劉備仍然秉持著寬厚待人、仁義取信的處世理念，頗為人稱道。作為政治家、領袖人物，寬厚、仁義、忠誠都是指引成功的最佳法寶。投之以木桃，報之以瓊瑤，劉備的寬厚仁德，為他帶來的好處，可謂是多不勝數。

德高望重乃是「大能」，真正的贏家，在這種能力上的修練都是相當高的。不論是在古代的政治環境裡，還是在今天的經濟社會裡，仁德待人都是成功者很高妙的做人技巧。中國有句古話，叫「一分基地，一分功德」，德是一種覺悟，是一種理念，是一種境界，那麼只要你具備了一定的修養高度，你會發現，成功只是你不經意的一個行為。全球赫赫有名的希爾頓飯店首任經理有著這樣一段傳奇的故事。

在一個深夜裡，一對年老的夫妻走進一家旅館，奔波了一天的他們想要一個房間。沒想到卻聽到接待員回答說：「對不起，我們旅館已經客滿了，一間空房也沒有剩下。」兩位老人的臉上露出失望的神情。

看著這對老人疲憊的樣子，接待員叫住了轉身正欲離去的老人。然後把他們帶到了一個整潔又乾淨的房間。並說：「也許它不是最好的，但現在我只能做到這樣了。」第二天，當他們來到櫃檯結帳時，接待員卻對他們說：「不用了，因為我只不過是把自己的房間借給你們住了一晚，祝你們旅途愉快！」

此時，兩位老人才明白，原來接待員自己一晚沒睡。他們感動萬分。老先生說：「孩子，你是我見到過的最好的旅店經營人，你會得到報答的。」接待員笑了笑，說：「能幫到您，我很高興。」他送老人出了門，轉身接著忙自己的事，這件事漸漸地就忘記了。

直到有一天，接待員接到了一封信函，裡面有一張去紐約的單程機票並有簡短附言，大意聘請他去做另一份工作。當他搭飛機到紐約，按照信中所標明的路線到一個地方時，一座富麗堂皇的大酒店矗立在他的眼前。原來，幾個月前的那個深夜，他接待的是一個有著億萬資產的富翁和他的妻子。富翁專門為這個接待員買下了一座大酒店，深信他能夠經營管理好這個大酒店。這個接待員就是希爾頓飯店的首任經理。

要做一個誠實、守信、正直的人，才能夠散發出人格魅力，人生才會更加精彩。正直的品格是最偉大的力量之一，但有些人更注重手段和陰謀詭計、不重視正直人格的力量。如果一個人整日生活在虛偽的言行中，披著善良的外衣卻做著非法勾當，他一定會受到譴責。虛偽會腐蝕人的品格，最終會摧毀人的自尊心和自信心。因此，不管我們面前擺著多少難以抗拒的誘惑，也不可以做違背人格的事。生活亦是個無限的博弈，只有德才兼備的人才能笑到最後。

【進取之道】

以德服人才是大智慧。以德服人，不必言語教導，不需言語而意自明。因為這都是發於自然的情感力量，也是道德的力量。

猜疑是最大的心魔

猜疑，就像一條吞噬感情的蛀蟲，威脅著我們與其他人之間的感情和信任。猜疑使人際交往中本來小小的疙瘩發展成長期的不和。這其中不知有多少人因為猜疑疏遠了朋友，中斷了友誼，甚至斷送了自己的事業。

當你不能夠對周圍的人、事報以信任的態度時，你就會時時被猜疑之心所困擾，不能夠輕鬆快樂地度過每一天。比如，當你突然出現在大家面前時，大家就停止了談論，這時的你就會在心裡嘀咕：「他們是不是在說我的壞話？」懷著這樣的心情，你這一天，甚至好幾天都會悶悶不樂，都不能擺脫猜疑帶給你的困擾。對於人的懷疑，我們常常都是根據自己的主觀推測來判斷的，這樣很容易就受自己感情的干擾。

一個大雨天，沖塌一家人的院牆。這時他的兒子說：「如果不趕快修牆，恐怕賊會來偷竊。」他的鄰居也說：「趕快修好吧，不然會把賊引來的。」果然在當天夜裡，他家就被盜了。而這個人就懷疑鄰居是小偷。

如果換做你是這個人，你會怎樣想呢？看到院牆塌了的人，只有自己兒子和鄰居。你會懷疑是誰呢？我想大部分人都會懷疑是鄰居，因為鄰居是外人。為什麼同樣的話從兒子和鄰居的口中說出來，鄰居就成了賊，而自己的兒子就不可能是呢？這就是我們的

猜疑之心再作怪。

由此可見無端的猜疑之心，會使我們對待朋友、對事物，就不能從客觀實際出發，進行合乎邏輯的判斷、推理，而是憑藉一點表面現象，主觀判斷，就隨意誇大，進而扭曲事物，得出一個不切實際的結論。

心理學專家指出：多疑源於心理不健康。多疑的人心胸狹隘，斤斤計較，患得患失。他們與人相處，眼裡壞人總比好人多，所以朋友很少，更無至交。多疑的人思想飄忽不定，心無主見，容易受人挑撥，無中生有，懷疑一切。看過《三國演義》的人都知道曹操就是一個生性多疑的人。

那時曹操刺殺董卓未遂，逃出京城。董卓派人追捕，並四處張貼曹操的畫像，凡是捉拿到曹操的，懸賞豐厚。可謂是情勢十分嚴峻。

面對董卓布下的天羅地網，曹操想到了他父親的朋友呂伯奢，於是便和救他出來的陳宮一起逃到呂伯奢家。呂伯奢見到老友的兒子，十分高興，熱情地款待曹操。當他準備拿出好酒好菜來招待曹操時，發現家中沒有酒，便急忙出去買酒。

曹操便坐在前堂等候，隱約聽到後面有磨刀聲，頓起疑心。於是便悄悄走到後窗，聽到裡面說：「綁起來，殺吧！」頓時大驚失色，提起手中的劍闖入內宅，見一人殺一人，總共八口全倒在血泊之中，直到殺到廚房，才看見一隻豬剛被捆上四蹄待宰。曹操這時才明白剛剛他們說的是殺豬，而不是殺他。

大錯已經鑄成，曹操和陳宮只好匆匆逃離呂家。誰料在半路上又和興沖沖買酒而歸的呂伯奢碰上了！想起那慘死的八口人，陳宮滿面疚愧，抬不起頭。曹操卻在兩馬相錯之際，一揮劍，又把呂伯奢殺死了！

陳宮大驚，說道：「前面殺人，是由於誤會；現在明知是恩人，卻還要虐殺，你太殘忍了！」

曹操卻說：「伯奢到家，見到自己的家人被殺，必定告官，到時候官府一定會追殺我們！我這是為我們解除後患。」

「可你這樣做，也太不仁義了！」陳宮道。

曹操冷笑道：「寧可我對不起天下人，但絕不能讓天下人對不起我！」

曹操這樣疑心太重的人，總怕別人爭奪自己的所愛、所求、所得，怕別人損害自己的利益，終日疑神疑鬼，疑心重重。你對別人不放心，別人能對你堅信不疑嗎？雖說防人之心不可無，但是時時提防、處處疑心，還會有知心朋友嗎？

「防人之心不可無」這其中還分為兩種情況：一種是自己沒有害人的心思，但自己生怕被別人害，就處處提防著別人；還有一種屬於原本自己有害人的心思，就認為別人都和自己一樣，也有自己這樣的心思。猜疑在傷害別人的同時，也折磨著自己。

敏感多疑，通常不只是對外界事物，也包括對自身狀態的猜疑和憂慮。有些人性格內向，生性不開朗、不豁達，什麼事情都斤斤計較，造成性格不完善、有缺陷，我們雖然不能認為這就是精神疾病症狀，但大多數精神疾病的發病卻和性格缺陷有著千絲萬縷的關聯，可以說，大部分精神疾病患者中，疑心過重都是主要的表現。

每個人都有多疑的時候，疑心是人在社會生活中保護自己和預防性保護自己的正常心理活動，但疑心的程度有輕重，過於疑心和過於敏感就是不正常的現象了。摒棄多疑，給他人一分信任，也給自己的心靈卸下枷鎖。不要讓猜疑這條毒蛇，吞噬了你的心靈。

【進取之道】

「處處小心，不如常常做好人」只在能夠做成一個幫人助人的人，就是一個真正的好人，才會迎來美好、和諧、舒暢、順達的人生。

蓋茲也有自殺的理由

沒有人生是一帆風順的，每一個人都會或多或少遭受一些打擊，這是對我們心智的磨練，但是往往有一些人太過脆弱，經不起一點風吹雨打，導致近幾年來自殺人數直線上升。

自二〇〇〇年以來，中國每年十萬人中就有百分之二十二點二人自殺，每兩分鐘就有一人自殺、八人自殺未遂，自殺未遂者往往也造成不同程度的殘疾。每年自殺死亡人數為二十八點七萬人，自殺死亡占全部死亡人數的百分之三點六，占相應人群死亡總數的百分之十九。

看到這樣的資料，我想每一個人都會感覺到震驚：怎麼會有那麼多人想不開？其實，造成他們自殺的原因，通常都只是一件很小的事情，只是他們自己不能用正常的心態去面對。更讓人不解的是，很多自殺者當中都是一些青少年，曾在報紙上看到這樣一則報導。

某大學一名大學一年級的男生，在中午下課以後，從六層樓高的陽台上一躍而下，當場死亡。當大家對他的自殺都議論紛紛，表示不解時。一個女生主動聯繫了輔導員老師，原來這個男生向她表白，她拒絕了他。他當時就說，要以死來證明自己的愛。此女生當成是他一時衝動的話，結果沒想到悲劇就這樣發生了。

僅僅是因為求愛失敗，就選擇了自殺。不知道這個男孩子跳下來的時候，有沒有想到他的家中養育他成人的雙親。當我看到報紙上哭得死去活來的他的母親時，無限感嘆，這樣一個年輕的生命，在旁觀者看來就因為這樣一點芝麻大的小事前凋零了。

如果說遭遇了打擊，就有了自殺的理由，那麼每個人都具備這樣的理由，那麼世界上也不可能有那麼多成功的人了。古今中外，凡是有所成就的人，都是敢於面對人生的各種打擊的。

貝多芬（Ludwig van Beethoven）的《命運交響曲》正是他敢於直面慘澹人生的果實。一個又一個挫折並沒能擊垮他，他勇敢地面對一個又一個的挫折，開拓了人生之路。李清照，經歷了南北分裂，國破家亡，她的人生一路坎坷，顛沛流離。但她敢於面對慘痛的人生，堅持創作，不僅在詩，詞，散文皆有成就的宋代女作家。冼星海也曾說：「一朵成功的花都是由許多苦雨，雪泥和強烈的暴風雨的環境培養成的。」

不管是貝多芬（Ludwig van Beethoven）也好，還是李清照也好，不經歷風雨，又怎麼看得見彩虹呢?當你站在一個旁觀的角度時，你會發現那些讓你自殺的念頭不過是大海中一朵稍縱即逝的浪花罷了。

曾經有一個年輕人，經過了五年的艱苦奮鬥，終於有所成就。當他正準備衣錦還鄉，光宗耀祖的時候，一場大火讓他的努力頃刻間化為烏有。面對失去的一切，他無法承受命運的坎坷，無法面對為自己編織的美好生活就這樣輕易地破碎。

沒有了錢，也沒有臉面回到家鄉，神情恍惚的他不知不覺地走到了山崖邊。他發現一個女孩子坐在山崖邊。這個年輕人好奇地走過去問道：「小女孩，你坐在這裡幹什麼？這裡很危險的！」那個小女孩聽了他的話，頭也不回地說：「反正我也不想活了，掉下去就不用我自己往下跳了。」說完，就哭了起來。「為什麼呀？你這麼年輕，這麼漂亮，還有大段美好的青春，你怎麼這麼想不開呢？你要是死了，你的父母怎麼辦？他們會傷心的。」「可是他不要我了，我懷了他的孩子，可是他卻愛上了別的女人。我沒有臉見我的父母，也沒有勇氣活在這個世上了。」

年輕人聽完女孩的哭訴，靜靜地坐在了她的身旁，說：「如果是因為這樣，你更不應該選擇自殺，為了一個不愛你的男人，卻傷害了愛你的家人，甚至丟掉了自己的性命，你覺得值得嗎？人生隨時可以重新開始，他不愛你了，就算你死了，他也不會愛你。你為什麼不好好活著去找尋愛你的人呢？」女孩聽完他說的話，停止了哭泣，「對，他不愛我，我還可以自己愛自己。謝謝你！對了，你為什麼來這麼危險的地方？」

年輕人面對女孩兒的問題，一時無語，他想到自己，不就是什麼都沒有了嗎？但是他人還好好的，那麼隨時都可以重新開始。過了良久他才回答說：「呃……我……我是來鍛鍊身體的。」說完，兩個人一起下了山。

如果不是站在旁觀者的角度，這個年輕人也不會看到黑暗的另一面就是光明。就像他自己所說的「人生隨時可以重新開始」，為什麼我們不去選擇重新開始，而選擇結束生命呢？

當你感覺自己的生活窘迫，沒有希望時，你也應該看到那些食不果腹，衣不蔽體的人，他們沒有溫暖的家庭，沒有固定的收入，但是他們依然積極地生活在這個世界上；當你感覺到痛苦，感覺到絕望的時候，你也應該看到那些失去了雙目，失去了雙臂，失去了雙腿的人，至少你還可以看得見陽光，至少你還有一雙手能夠撐起自己的世界，至少你還能自由地到你想去的任何地方。當你面對這些人時，你會覺得我是如此的幸運。

人生中，有甘甜與幸福，難免也會有痛苦與挫折。像遠行的人，會走過綠蔭清爽的小道，也可能走入荊棘叢生的樹林。當不小心被荊棘割傷，或跌倒摔傷時，只有勇敢爬起來，坦然以對，走過苦痛與挫折，用愛與熱情去面對生活，你的生活才會依然充滿著鮮麗的光彩。

【進取之道】

有人說，生活像一面鏡子，當對著鏡子裡的人笑時，鏡子裡的人也對你笑。我們應用明媚陽光般的笑臉，去面對生活，讓生命泛出光彩，也讓自己走出一片美好的天地。

吃一塹，長十智

人人都說「智者千慮必有一失」，也說「聰明一世，糊塗一時」。就算是智者和聰明人，都有遇到錯誤，碰見挫折和困難的時候，那更不要說我們普通人了。

通往成功之門的道路上鋪滿了荊棘，為什麼有些人就能在跌倒一次後，巧妙地避開障礙，毫髮無傷的到達成功的彼岸。而有些人不屈不撓，卻跌得滿目瘡痍，雖努力卻無法獲得成功？原因就在於前者善於總結，他們在同一個地方絕不會跌倒兩次。就比如被譽為二十世紀最偉大的心靈導師——戴爾．卡耐基（Dale Carnegie）。

在卡耐基事業剛剛起步的時候，他在密蘇里州舉辦了一個成人教育班，並且陸續在各大城市開設了分部。儘管收入不少，但是在過了一段時間後，他發現收入竟然只夠支出巨額的廣告費用，和房租、日常辦公等開銷加在一起，他基本上沒有什麼收穫。一連數月的辛苦勞動，並沒有得到任何回報。

為此，卡耐基感到十分苦惱。在很長一段時間內他都是悶悶不樂，神情恍惚的，剛剛起步的事業也因為他的消極，無法再繼續下去。最後，卡耐基不得不去請教自己中學時代的生理老師喬治．詹森。

他的老師聽完他一番抱怨的敘述後，說：「不要為打翻的牛奶哭泣。」

這句話猶如晴天霹靂一樣，擊醒了陷在苦惱中無法自拔的卡耐基，令他的精神再次振作了起來。是的，牛奶打翻了，是看著打翻牛奶哭泣？還是去動手再倒一杯？打翻的牛奶已經成為了事實，即便是哭泣也不能夠挽回，還不如吸取教訓，再去準備一杯新的來。

當我們看到卡耐基的成就時，絕對不會想到，這個被譽為人際關係學鼻祖的人，曾經是一個沒有任何演說天賦的人，他曾經歷過十二次的演說失敗，但是他屢敗屢戰，然而也正是因為這些失敗，才讓卡耐基不斷地認識自己，不斷地挑戰自己，從而不斷地讓自己進步。

在卡耐基後來的回憶中，他自豪地說：「我雖然經歷了十二次失敗，但最後終於贏得了辯論比賽。更為激勵我的是，我訓練出來的男學生贏了公眾演說賽。女學生也獲得了朗讀比賽的冠軍。從那一天起，我就知道我該走怎樣的路了……」

在我們追求成功的過程中，都會經歷和卡耐基一樣的事情，失敗是難免的，與其在失敗中懊惱，不如在失敗中總結經驗，增長自己的智慧。拿破崙（Napoleone Buonaparte）也說過：「不會從失敗中尋找教訓的人，他們的成功之路是遙遠的。」可見，孕育成功的搖籃正是面對失敗的勇氣和總結教訓的睿智。所以，我要說：正確的總結，才是成功之母！

【進取之道】

凡是成功的人，從來不會對自己所犯的錯誤加以掩飾，因為他們知道，只有拿出勇氣來正視錯誤，才能讓自己從錯誤中走出來，才會讓自己在錯誤中獲取下一步成功的經驗和力量。

你可以決定自己的人生

每個人的人生都是不同的，有的精彩，有的曲折，有的平凡。而大多數人，認為自己的人生是掌握在別人手中的，或者是父母，或者是老闆，或者是環境的影響。其實，這些都不是可以決定你命運的人，可以決定你命運的人只有你自己。

只是，有的人習慣把自己的不成功歸罪於自己的家庭，歸罪於自己的父母，以為沒有顯赫的家庭背景，沒有有權有勢的雙親，自己的就理所應當地平凡下去。可事實真的就是這樣嗎？一個小男孩用他的行動告訴我們，不是這樣的。

這個小男孩出生在一個貧困的家庭，他的父母只是劇團裡面普通的雜耍藝人。

一次，老師定了一篇作文主題，要求每個同學寫出自己的理想。小男孩認真地寫了十幾張紙，他的理想是能夠建立一座屬於自己的劇院。他為自己的理想而自豪，他認為老師一定會表揚他，一定會鼓勵他。但是老師在看了他的作文後，卻給了他○分，並且說他的理想不符合實際，因為他是窮人家的孩子，既沒有錢，也沒有背景。

小男孩拿著○分的作文傷心地哭了，他把老師的話告訴了父親，希望父親能夠給他一些建議。父親聽了，告訴他：「孩子，你的理想是你自己的，他人無權插手，需要你自己做決定。」那一夜，小男孩兒失眠了，他在為自己的理想做決定。

多年後，當那個老師走進一家劇院時，他被這個劇院豪華宏大的規模震驚了，正當他讚嘆著這家劇院的建造者時，一個英俊的紳士走到他面前，對他說：「老師，你看，我實現了我的理想。」

也許有的人會說，這個男孩是幸運的。然而生活中，不是人人都可以這麼幸運。人生總是有太多的無可奈何，有太多的身不由己，對於外界的環境，我們是無能為力的。但是有一點你必須知道，只要你知道自己需要什麼樣的人生，那麼環境於你，不過是生命中的一種陪襯。

我們的生命是由自己的來承擔的，我們的人生更是由我們自己來掌控的。不要活在別人的嘴裡，也不要活在別人的眼裡，那樣的人生是別人的，不是你自己的。有太多人，忙忙碌碌了一輩子，卻仍然感覺到迷茫；又有多少人，夙興夜寐，卻只知道自己是為了生存。這樣的人生，平凡而沒有滋味。人的生命只有一次，不能就這樣糊里糊塗地度過。無論你現在是多大年齡，你真正的人生是從你認定自己的發展的方向的那一刻起，那些以前度過的日子，不過是在繞圈子而已。你，作為自己生命的主人，只要找到了自己的方向，你就可以隨時決定自己的人生。

有一個走到哪裡都戴著一朵大花的女人，我想大家對她都有些印象。對於她獨特的打扮和大膽的言辭，媒體總是褒貶不一。可是有一點不得不承認，她活出了自己的人生。不錯，這個人就是楊二車娜姆。

楊二車娜姆出生在中國雲南省境內的摩梭族，這是一個世世代代居住在瀘沽湖邊維繫著母系氏族的傳統生活的民族。因為高山的阻擋，摩梭人很少走出瀘沽湖的懷抱，他們不知道外面的世界，似乎對外面的世界也並不感興趣。

但有一個人很感興趣，那就是小小的楊二車娜姆，她從遊客的口中得知，外面的世界是多麼精彩，她那顆小小的心不再安分了，她不再甘於呆在這個小小的部落，她想走出去，去看看外面的世界。想到就要做到，走出摩梭族的過程是艱辛的，對於一個十四歲的小女孩來說，所要遇到的困難是無法想像的。那時的她行李只裝著幾件衣服，七顆雞蛋和一盒火柴，一個人翻過幾座海拔兩千米以上的高山，終於走到了城市。

「只要自己有著不肯對命運低頭的毅力和勇氣，世上哪有走不通的路，過不去的橋」，這是楊二車娜姆的獨白。她從十四歲走出女兒國，進入涼山彝族歌舞團；十六歲考入上海音樂學院，闖蕩上海灘；畢業後進入民族歌舞團；而後遠渡重洋去美國，到世界各地去創業。她創造了人生的輝煌，也灑下了難言的淚水。綜觀她的奮鬥歷程，我們可以稱其為「楊二車娜姆象」。

在她的傳記中，她說到：「那時候，大家都說我像鐘楚紅，我很不喜歡別人說我像誰，一會兒說我像三毛，一會兒說我像鐘楚紅，我就是我，獨一無二的我，一個永遠無法複製的我。「我喜歡走天涯，看人間煙火，而不是隨便學別人。」作為摩梭人歷史上第一個女大學生，楊二車娜姆說：「我希望每一個人都能夠成為自己生命的主人。」

我佩服她改變了自己人生的勇氣。現在的她已經不是那個清純如水的女孩，歲月也在她的臉上刻下了痕跡。可是我相信，她會為自己創造的人生而驕傲。努力去創造自己的人生，不要在生活在別人的影子中，活出自己，才能活的漂亮。

【進取之道】

如果把人生比作是一場賭博，那麼命運就是負責洗牌的，而玩牌的就是我們自己！在人生的海洋上，我們要做自己的船長，因為只有自己才能知道自己的方向在哪裡。

解開你身上的繩子

生活中有太多的不如意，快樂過去，總會有悲傷，成功總是伴隨著失敗。我們不可能總是開開心心地過每一天，有時候，會覺得異常壓抑，希望整個世界都消失掉，然後任由自己去放肆，把心中的怨恨，不滿全部發洩出來。

如果你有這樣的時候，說明你的心裡已經積壓了太多的事情，隱藏了太多的想法。這些在你心裡待的時間長了，就像食物一樣，也會發霉。這時，你需要敞開心扉，丟掉一些沉積的「垃圾」。曾目睹過這樣一場特殊的比賽，特殊之處在於，所有的選手都是蒙著眼睛的。

大致過程就是：先把人們引到一間牽著許多繩索的房間裡，讓他們先熟悉這所房間。然後，蒙上所有人的眼睛，讓他們從房間的一頭以最快的速度跑到房間的另一頭。比賽開始後，人們唯恐被繩索絆倒，都小心翼翼的摸索著。只有一個人，他不顧一切的衝向終點，結果獲得了比賽的冠軍。其他人非常納悶，為什麼獲得冠軍的人沒有被絆倒？原來，在比賽開始之前，房間裡的所有繩索都被解開了，而最終獲得冠軍的那個人是一個盲人。真正阻止人們快速前進的，使人們心中的繩索。

心中有了繩索，心靈就得不到釋放，就如同給自己的身體捆上了一圈又一圈的繩子，你的顧慮越多，你的壓力越大，你不能釋懷的事情太多，你身上的繩子就捆的越緊，直到自己不能呼吸為止。這時你就有必要對自己頭腦裡儲存的東西進行清理了，把該保留的保留下來，比如那些快樂的，美好的；把該摒棄的摒棄掉，比如那些消極的，痛苦的，把任何事都記在心裡的人，生活是不會快樂的。

幾年前一個朋友的母親去世了。在葬禮上，朋友傷心到幾度昏厥，我們除了給予一些安慰外沒有別的辦法，畢竟生老病死是人之常情，壽終正寢已經算的上是一種福氣了。我們都認為時間長了，朋友自然會從這樣傷心的狀態中走出來。

沒想到今年再見到她時，我幾乎沒有認出來，原本六十多公斤的她，此時看起來還不到四十公斤，整個人小到可以裝進行李箱裡了。我還以為她生病了，關心之下才知道，自從她母親去世以後，她就吃不下飯，工作的時候也跟丟了魂似的。沒多久，工作就丟了，這樣一來心情就更壓抑了。她現在是基本每天就睡五個小時，一天只吃不到別人不到一餐的飯量。

看著朋友這樣，我不由地勸說她要放開點心，畢竟人死不能復生，沒想到她一聽到關於她母親的事情就哭了起來，看著這樣的她，我手足無措。

很多人都像我朋友一樣，總是對過去的事情念念不忘，尤其是一些自己不能夠釋懷的。殊不知，這些「陳年往事」在你心裡積壓的時間長了，就會成為你的累贅。適當的懷念是對的，每個人都擁有自己的回憶，但是過度地沉浸在過去的氛圍裡，只會讓你在現實生活中迷失了方向。有時候健忘是一種能力，對於一些不愉快的事情，一些不值得一提的小事，一些沒有意義的瑣事，我們就不應該把它放在心中，而是應該及時地把它放下。

當你失戀，如果你一直沉浸在失戀的痛苦當中，你就無法看到自己身邊更優秀的異性；如果你投資失敗了，如果你一直沉浸在損失金錢的可惜當中，你就無法捕捉到把錢賺回來的機會；當你因為工作中的錯誤，遭遇到上司的批評時，如果你一直沉浸在自責的低潮中，你就無法在工作中表現出最優秀的自己。

不要讓過去的事情成為我們現在生活的束縛，該丟掉的就要丟掉。上帝賜給人類最好的禮物就是「遺忘」，學會了「遺忘」，你才能夠看得更遠，記住地更多。每個人的記憶力都是有限的，如果你始終放不下那些讓你倍感沉重的記憶，那麼那些記憶就會慢慢吞噬掉你美好的記憶。有首歌中這樣唱到：「流星正是背負了太多的心願，所以才會跌得那麼重」。所以，放下過往，才能夠解開困在你身上的繩索，你才能夠輕裝上陣。

【進取之道】

能夠自己的鬆綁的人只有自己，當你願意把那些根深蒂固的記憶一一放掉時，你將會經歷輕鬆和得意。因為一個常常向後看的人，就會失去了向前看的機會。

第二章　捕捉人際交往的「潛規則」

世事洞明皆學問，人情練達即文章。人生在世，不講求圓滑的技巧只會處處碰壁，處處有礙，廣泛地與人交往是機遇的源泉。沒有交際能力的人，就像陸地上的船，永遠到不了人生的大海。

圓的不穩，方的不滾

我特別推崇黃炎培老先生送給兒子的座右銘中的一句話：「和若春風，肅若秋霜，取象於錢，外圓內方。」仔細玩味這句話，其實講的就是人生的處世哲學。「和若春風」告訴我們做人要外「圓」，即為人處事講究技巧，要善於圓潤的處理問題，從而使自己進退自如、遊刃有餘；而「肅若秋霜」告訴我們做人還要內「方」，即做事要認真，有自己的主張和原則，不被他人所左右。一內一外，將如何做人的精髓全盤托出。

如果，一個人只有「方」而沒有「圓」必然會經常碰壁，一事無成。相反，如果只有「圓」而沒有「方」，則是沒有原則、沒有主見的牆頭草。「方圓有致」才是智慧與通達的成功之道。

新版《三國》為我們提供了很多活生生的例子。其中，「曹操煮酒論英雄」這一段給人留下了極為深刻的印象。

當時劉備落難投靠曹操，受到了曹操真誠的款待。劉備在許都住下後，為防曹操謀害，就佯裝胸無大志，在自家後園種菜，親自澆灌，以此迷惑曹操。一天，曹操約劉備到家中喝酒，談起誰為當世之英雄。劉備細數袁術、袁紹、劉表、孫策、張繡、張魯，

均被曹操一一貶低。在曹操看來，英雄的標準是胸懷大志，腹有良謀，有包藏宇宙之機，吞吐天地之志。劉備問：「誰能算得上這樣的英雄？」曹操說：「當今天下，只有你我才是真英雄。」

劉備棲身許都本是韜光養晦之計，如今被曹操點破是英雄後，竟嚇得把筷子掉落在地上。當時正趕上大雨將至，打了一個響雷，曹操問劉備怎麼把筷子弄掉了，劉備邊低頭撿筷子邊說：「是被雷聲嚇到了」。曹操問：「打雷有什麼可怕的？」劉備說：「我從小害怕雷聲，一聽見雷聲只恨無處躲藏。」自此曹操認為劉備胸無大志，必不能成氣候，也就沒把他放在心上。

其實，劉備正是採用方圓之術，巧妙地將自己的慌亂掩飾過去，從而避免了一場劫難。劉備本是一個仁義之人，為了漢室的振興奔走一生，為兄弟兩肋插刀。但同時，他又是一個足智多謀的人，懂謀略、懂圓滑才能在亂世中占有一席之地。外圓內方的劉備是一個真英雄。當然，《三國》中也不乏只方不圓之人，威名赫赫的關羽，就是一個典型的例子。

如果說關羽武功蓋世，沒有人質疑。「溫酒斬華雄」、「過五關斬六將」、「單刀赴會」等等，都是他的英雄寫照。但他最終卻敗在一個被其視為「孺子」的吳國將領之手。究其原因，是他不懂方圓之道。他雖有萬夫不擋之勇，為人卻盛氣凌人，自命不凡。除了劉備、張飛等要好之人以外，其他人他都不放在眼裡。他一開始就排斥諸葛亮，繼而又排斥黃忠。他最大的錯誤是和自己國家的盟友東吳鬧翻，破壞了蜀國「北拒曹操，東和孫權」的基本國策，使吳蜀關係不斷激化，最後，落得一個敗走麥城，丟了身家性命的下場，令人惋惜。

自古至今，建大功立大業者，大多是外圓內方之人。

富弼是北宋有名的宰相，一次，有人告訴他，「某某罵你」。富弼說：「恐怕是罵別人吧。」這人又說：「他是叫著你的名字罵的，怎麼是罵別人呢？」富弼說：「恐怕是罵與我同名字的人。」後來，那位罵他的人聽到此事後很慚愧。

明明被人罵，卻說成與自己毫無關係，這可以說是方圓之極致了。當然，這不僅僅需要對答的技巧，更需要一個寬廣的胸襟。儘管富弼方圓之道，但他又不是那種是非不分、明哲保身的人。任樞密副使期間，他與范仲淹等大臣極力主張改革朝政，因此遭誹謗，一度被摘去了烏紗帽，也沒有動搖他的決心。富弼處事圓滑，為人方正，不僅維護了自己獨立的人格，也維護了他人的尊嚴，此乃真君子也。

【智者點化】

人生也像大海行舟，處處暗藏風險，時時有阻力。如果樹敵太多，必然敗得一塌糊塗。因此，只有學做一枚「銅錢」，外圓而內方，才能立於不敗之地。

用微笑縮短與他人的距離

與人交往，最重要的是溝通，要溝通就免不了要說話。據統計，使用人口超過一百萬人的語言有一百四十多種，聯合國指定的語言有六種。在這麼多語言當中，哪一種才能讓我們和別人更好的溝通交流，能夠在最短的時間內縮短我們和別人之間的距離感呢？我告訴大家一個全世界通用的語言，那就是微笑。

有時候微笑能夠在最短的時間內讓你得到陌生人的認可，在這一點上，出到北京打工的李蘭深有體會。

今年十八歲的李蘭，來北京四個月了，在紹興飯店做服務生。來自農村的她初到大城市，連普通話都說不好，給客人點菜的時候，常常因為語言交流不好而出現差錯。為此她不止一次的受到領班的責怪，為此她也不止一次偷偷掉過眼淚。

二〇〇八年的下半年，城市的大街小巷都貼上了「學會微笑，主動微笑。」的標語。李蘭看到這些標語，想到自己雖然普通話不好，但是可以多微笑，這樣就算顧客聽不懂她在說什麼，至少可以明白，她的態度是真誠的。

從那天以後，每天早晨一上班，李蘭就面著微笑，用自己不太流利的普通話和顧客交流。由於飯店裡面點菜要到三樓去看樣品，很多顧客不理解。甚至有的顧客會認為這是飯店為了營業額所使用的手段，堅決不肯看過樣本之後再點菜。其實這對於飯店來說是沒有什麼損失的，但是顧客就免不了因為不知道具體是什麼菜，而點了一些自己並不愛吃的菜，最後白白浪費掉。面對顧客的不理解，李蘭依舊保持著微笑，耐心地給顧客講解，直到顧客明白以後。每天無數次的介紹，枯燥而乏味，但微笑卻從沒有從李蘭的臉上消失過。有顧客在飯店的回饋單上留言說「看到小李微笑，自己都會情不自禁的笑起來。」

李蘭用微笑彌補了語言上的不足，找到了和顧客的溝通之道。可見，一個微笑可以使陌生變為相識，可以使相識變為相知，最終如春風化雨，滋潤著人們的心田。一個微笑，有時候不僅僅能夠拉近人們之間的距離，也能夠成為人與人之間的潤滑劑，如果有人與你爭吵，與其反唇相譏，不如用你的微笑來化干戈為玉帛。

鄰居王大媽在自家樓前的小片空地上種了點小蔥。一天張大媽一邊和人說話一邊走路，一不小心就踩在了王大媽的蔥上，正巧被從屋子裡出來的王大媽撞見。她倆素來不和，王大媽一看自己心愛的蔥被踩了，一下就來了氣。張嘴便罵道：「你老花眼了，那麼寬的路不走，偏偏來踩我的蔥?」張大媽也不是好欺負的人，立刻還嘴到：「我就踩了，怎麼著，路是大家的，我想走哪走哪!」

眼看著一場激烈的舌戰即將爆發。這時王大媽的丈夫出來了，一個和藹儒雅的男人。只見他面帶微笑，手裡拿了幾棵摘好的小蔥，來到她們面前，說：「張姐，這蔥你拿回去嚐一嚐，這可是正宗的綠色食品。我們鄰居的吵架讓人笑話，你說是不?」俗話說伸手不打笑臉人，張大媽畢竟是理虧的一方，便先緩和了語氣，解釋道：「我也不是故意的，這不是跟人打個招呼嘛，誰知一腳就踩上去了。」王大媽見人家也不是故意的，也就沒有再糾纏。從此再也沒見她們爭執過。那片小地兒，又種上了豆角，黃瓜……還時常看見張大媽幫忙澆水。

如果當時王大媽的丈夫也繃著一張臉出來幫腔，估計事情就不會這麼圓滿地解決了。可見，微笑的力量不僅是牽動臉部的幾塊肌肉而已。一個微笑，可以表現出的你的真誠，一個微笑，可以表達出的善意，一個微笑，可以表現出你的禮貌……所以不要輕視微笑帶來的效應。蘇格拉底（Socrates）曾經說過：「在這個世界上，除了陽光、空氣、水和微笑，我們還需要什麼呢?」原來，微笑是和陽光、空氣、水一樣，已經是我們生命中不可缺少的一部分了。

【進取之道】

如果你不知道用什麼樣的語言來表達你自己，那麼最直觀，最容易讓別人理解的語言就是微笑。假如微笑是一粒種子，那麼，他人就是土地。

投其所好才能得人心

投其所好是一種投資，而且是一種投資小回報大的投資。但是人有不同，喜好也有不同，這個時候就需要你對症下藥了。尤其是你在有求於人時，「心意」要送到別人的心坎上才好辦事，所以說送禮，也是一門學問。

前幾天看電視，一個母親要給自己不成器的女兒找工作，女兒看上了當地一個實力相當雄厚的公司，哭鬧著要進去。母親沒辦法只好託人找關係，總算見到了公司的人事主任。那個主任簡單的問了幾個問題之後，話題就扯遠了。問起了她們家收藏的一套郵票，由於在市面上見不到，想要看一看。

這位母親是個單純的家庭主婦，沒有明白這位主任的意思。就很誠實地告訴主任說那套郵票是她死去兒子的珍藏，他們家裡人都很看重。主任一聽，也就沒有為難她們。但是工作的事情卻遲遲沒有答覆。母親百思不得其解，一直在反思是自己哪句話說錯了，得罪了這位「大菩薩」。直到幾天以後和別人說起，別人才點醒她。主任問那套郵票，就說明了他對郵票感興趣，求人家辦事，肯定得讓人家高興了才行。這時那位母親才恍然大悟。趕忙把那套珍貴的郵票給那位主任送了去。結果很顯然，那個不成器的女兒得到了這份工作。

雖然這個故事所講述的事情是消極意義的，但是我們卻可以從另一個方面看出來。想要得到對方的心，首先要明白他需要什麼。從順著對方的角度，向對方發起一場心理攻勢，在順著過程中化解對方的攻勢，並發現其破綻，捕捉解決事情的突破點。

然而，有時候你不知道對方喜歡什麼，對方也沒有給你相應的暗示，那你就只能說「好話」了。也許只是一句讚美，就能令你得到你所期望的結果。但這種讚美是要出自真誠，發自內心，源於對他人的尊重和欣賞。虛情假意的奉承只會令人一眼看穿你的伎倆，反而會適得其反。

古時候，大臣段喬奉命負責修築城牆，限期十五天完成。可是，因為天氣原因，有一個縣拖延了兩天。段喬認為這個官員耽誤了他的大事，就逮捕了這個縣的官員。這個官員的兒子聽到自己的父親被捕了，十分著急，想盡了辦法解救自己的父親，都沒有成功。一籌莫展之際，他聽到別人說，子高是一個非常聰明的人，就找到管理疆界的官員子高，拜託子高去替父親求情。子高看他一片孝心，就答應了這件事。

子高見了段喬後，沒有立刻為官員求情，而是和段喬共同登上城牆，認真的打量一番，然後說：「這圍牆修得太漂亮了，真是一件了不起的工程。這樣大的工程，並且整個工程結束後又沒有處罰過一個人，這確實讓人敬佩不已。不過，我聽說大人將一個縣裡主管工程的官員叫來審查，我看大可不必，整個工程修建得這樣好，出現一點小小的紕漏是不足為奇的，又何必為一點小事影響您的功勞呢。」

段喬聽了子高的話，心中非常高興，而且子高的話也在情理之中，於是便釋放了那個官員。

子高是去求情的，卻一個字也沒有提到求情的事情，但是卻令段喬釋放了那位官員。他的成功之處就在於他抓住了每個人都喜歡聽讚美之言的心理，把讚美之詞說的合情合理，段喬聽在耳朵裡，高興在心裡，自然就釋放了官員。

當你見了一個女孩，你要說她長得漂亮，如果她不漂亮，你也要說她可愛。那麼她肯定會報之一個動人的微笑給你。當你遇到一個不問世俗的畫家，你又想向他請教作畫的技巧，你不妨和他聊聊李白蘇軾，說不定不用你問他也會傾囊相授。

【進取之道】

為人處世之道的「白金法則」就是投其所好。這一招以取悅人為前提，容易攻破內部堡壘，很多時候，它都是一條求人之上策。

給嘴巴找個「守門員」

經常聽到人們說「病從口入，禍從口出」，可見，我們的嘴巴是一個重要的器官。尤其是在人際交往中，一句話，可以攏絡一個人；一句話，也能得罪一個人。

聰明的人，會懂得如何管好自己這張嘴，就像不能亂吃藥一樣，話也不能夠亂說。所以給自己的嘴巴找個「守門員」還是很有必要的。否則你不知道自己什麼時候說漏了嘴，給自己招惹不必要的麻煩。曾看到過這樣一個寓言，一個青蛙就因為自己的多嘴，丟掉了自己的性命。

夏天到了，天氣火辣辣的熱，已經一連幾天沒有下雨了。一隻青蛙，因為天旱，找不到水喝，生命危在旦夕。這時正好來了一隻仙鶴，它看青蛙很可憐，便說：「我帶你去找水源吧。」然後，仙鶴便用嘴銜著青蛙飛行。飛到一個城市的上空時，青蛙忍不住對仙鶴說：「這是什麼地方?為什麼不停下來看看呢?」仙鶴想回答青蛙的話，剛一張嘴青蛙便從空中掉了下去，結果一個饑餓的人撿去煮來吃了。

一則小寓言，讓我們知道了，不是任何時候都應該說話。每個人都有嘴巴，嘴巴有兩種功能，一是吃飯，二是說話。人的話也有兩種，一類是該說的，一類是不該說的。從古至今，無論是中國還是外國，因言致禍的例子可謂是多如牛毛。有時候，能言善辯能夠讓你比別人更勝一籌，但有時候，多說就成了自掘墳墓。僅中國歷史而言，就有秦始皇焚書坑儒，秦朝的文字獄……外國也不例外，俄國沙皇尼古拉一世（Nicholas Pavlovich Romanov）就處死了一個因為出言不遜而惹怒他的人李列耶夫。

沙皇尼古拉一世登基後，國內就爆發了一場由自由分子領導的叛亂，他們主張俄國的工業太落後了，他們強烈要求俄國實現現代化，以超越歐洲的其他國家。

俗話說：新官上任三把火，尼古拉一世也不例外。為了顯示自己的權威，他殘忍地平定了這場叛亂。為了給世人一個警戒，他決定把其中的一位領袖李列耶夫處以死刑。

沒想到在行刑的過程中，由於李列耶夫不斷得掙扎，繩索突然斷裂了，他猛地掉在了地上。當時，人們把出現的這種狀況看作是上天的恩寵，犯人會因此而得到赦免。李列耶夫在確認自己保住了腦袋的同時，向人群大喊道：「你們看，俄國的工業就是如此落後，就連製造繩索也不會！」

他的話傳到了尼古拉一世的耳中，本來已經打算提筆簽署赦免令的他放下了手中的筆，說道：「既然是這樣，那我就向他證明事實是相反的。」

第二天，李列耶夫再度被推上絞刑台，這一次，他再也沒有那麼好的運氣了。

「留得青山在，不怕沒柴燒」，沒有人願意自己的權威被別人挑釁，李列耶夫恰恰就不諳此道。即使他說的是正確的，也不能不分場合，不分地點地說出來。「快人快語」

在人際交往中很容易得罪他人，會讓你在人際關係上屢遭挫折。比如，當你知道你的朋友得了不治之症，而他自己還不知道。你到醫院探望他的時候，直接把自己知道的情況告訴了他，會對他的身心造成傷害。大家一定會因為你的魯莽而不能原諒你；在街上遇到熟人，他向你問好，你心裡煩惱，便口無遮攔地說：「好什麼好，一點也不好！」這樣的回答會讓別人不知所措，他一定會認為你是一個不知好歹、沒有修養的人。

所以，一個懂得人際交往技巧的人，應該知道在什麼時候該以怎樣的方式說話辦事。實話不一定要直說，而可以幽默地說、婉轉地說或者延遲點說、私下交流而不是當眾說。同樣是說實話，用不同的方式說，效果會有很大的不同。其中美國總統羅斯福(Franklin Delano Roosevelt)的說話技巧就很值得我們借鑑。

那是羅斯福就任美國海軍助理部長的時候。他的好朋友來拜訪他，聊天時朋友問起海軍在加勒比海一個島嶼建立基地的事。「我只要你告訴我，我所聽到有關基地的傳聞是否確有其事。」這位朋友說道。

朋友要打聽的事在當時是不便公開的，可是，如何拒絕是好呢？

羅斯福望了望四周，壓低嗓音向朋友問道：「你能對此事保守祕密嗎？」「能！」好友連忙答道。「那好！」羅斯福微笑著說，「我也能！」

如果羅斯福直接拒絕他的好朋友，勢必會引起那人心中的不滿。不得不佩服羅斯福在人際關係上的智慧。多說不宜必自斃，不要隨意搬弄別人的是非，也不要隨意透露別人的祕密，成為一個人人厭惡的「長舌婦」。言多必失，禍從口出，在言語上不懂得約束自己的人，暫時的滿足遠遠不及由此帶來的災禍。很多時候，一句恰當的話可以為你加分，而有時吃虧就是因為沒能管住自己的嘴巴。管好自己的嘴巴，不要讓它成為給自己惹事生非的工具。

【進取之道】

「說話」是一種藝術，說什麼、怎麼說，都有講究。上帝給我們每個人兩隻眼睛、兩個耳朵，卻只給了我們一張嘴，就是告訴人類，要多看、多聽、少說。

糊塗也是一種精明

精明的人，的確能占得不少先機，但太過精明，別人必定會因此而對他加以防範。別人和他交往起來，總是不得不小心謹慎、處處提防，以防不慎落入泥淖或陷阱。在與朋友間的交往中、在事業發展的合作中、在商業經營的交易中，與那些精明過人的人相處越久就越會感到其深不可測，心術和手段太多，搞得人身心疲憊。

古語說：「水至清則無魚，人至察則無徒。」的確如此。在做人處世中，許多時候裝得遲鈍一點、傻一點、糊塗一點，往往比過於敏感更有利。有時，表現得對一切都明白，精明過人，並不一定是好事。要知道，物極必反，精明過了頭，就是傻了。三國時期，有個叫楊修的人，他的聰明就太過於鋒芒畢露。

楊修是曹操的手下。起初的時候，曹操很器重他，但是楊修有個缺點，就是絲毫不會掩飾自己的聰明。

有一次，有人送給曹操一盒乳酪，曹操吃了一點後，就蓋上蓋子放在了一邊，並且在蓋子上寫了一個「合」字。大家都不明白曹操是什麼意思，只見楊修拿起來便吃了一口，然後又讓其他人過來分吃，並向大家解釋到：「『合』字就是讓我們一人吃一口的意思。」

還有一次，曹操親自去看剛建造好的相府，看完之後什麼也沒有說。就在門上寫了一個「活」字，然後走了。楊修看見了，立刻命令工人把門改窄了。工人問：「為什麼?」楊修說：「門上寫『活』就是一個『闊』字，丞相是嫌門太大了。」

楊修憑著他的聰明每次都能猜到曹操的心思，這引起了曹操的反感。於是，找了一個機會，曹操就把楊修處死了。

楊修的聰明給他招來了殺身之禍。富有經驗的人都知道，與人交往是一門精深的學問，尤其是面臨著可以決定你命運的人，更要慎重對待，這時，最好的技巧就是「不該明白時就要裝糊塗」。這也就是說，自己心裡明白，卻假裝糊塗，不去認真計較。

但是，現實生活往往有些人就是「眼裡揉不下沙子」，不肯裝糊塗，不肯放過每一個可以顯示自己聰明的機會，經常說的話就是「應該怎樣怎樣，不應該怎樣怎樣」，遇事總是喜歡先用自己的標準來判斷對與錯，這樣的人常常出力不討好，原因就是不懂難得糊塗的道理。

「糊塗」在人際交往中運用很廣泛，人們經常會遇到一時會難於處理、難於解決的矛盾和衝突，人們可以藉助於「故意的糊塗」來解決，有意識地拖延時間，緩和矛盾、化解衝突，以便利用最佳時機解決問題。因此，這種「糊塗」實際上就是「明者遠見於未萌，智者避危於無形」，是一種少有的謹慎。《茶花女》作者小仲馬（Alexandre Dumas fils）就善於用裝糊塗的方式來保護自己。

在一次宴會上，有個愛黏人的先生盯著小仲馬問：「您最近在做些什麼?」小仲馬平靜地答道：「難道您沒看見?我正在蓄絡腮鬍。」鬍子是自然而然生長的，小仲馬故意把它當作極重要的事情，顯然與問話目的不相符合。小仲馬表面上好像是在回答那位先生，其實並沒給他什麼有用資訊。小仲馬自然是懂得對方問話的意思，但他偏要答非所問，用幽默暗示那人：不要再繼續糾纏。

所以，巧妙地裝糊塗更是一種真聰明，顯示出智慧，可以給各種繁雜的事情塗上潤

滑油使得其順利運轉。「難得糊塗」，表面上看是糊塗，其實是一種聰明。這裡的「糊塗」，並不是真糊塗，而是「假糊塗」，嘴裡說的是「糊塗話」，臉上反映的是「糊塗的表情」，做的卻是「明白事」。因此，這種「糊塗」是人類的一種高級智慧，是精明的另一種特殊表現形式，是適應複雜社會、複雜情景的一種高級的、巧妙的方式。

為學不可不專精，為人不可太精明，糊塗自有糊塗的好處，日久自然顯露出來。明白但假裝糊塗的態度是一種做人之道，也是一種成功之道。讓精明的人糊塗，可不是一件容易的事情，鄭板橋就說：「難得糊塗。聰明難，糊塗難，由聰明返糊塗更難。」只有修練到這一境界，才能把握精明做事、糊塗做人的精髓。所以，所謂糊塗的人要永保這份珍貴的財富，讓它發揮最大的效用；而精明的人則不妨少一些心機，多一些真誠，少一些繁複，多一些簡單。這樣，你的人生會更精彩，你的事業會更順利。

【進取之道】

只有「糊塗」，人才會清醒、才會冷靜；清醒了，人才會簡單；只有簡單而冷靜的人，這更是一種人生的大智慧，是為人處世低調的藝術。

高調做事，低調做人

在人際交往中，既想要高人一等的地位，又想要來自別人的尊重，並不是一件容易的事情。通常情況下，人一旦有所成就，都會不自覺的抬高自己的地位。那些認為自己很了不起的人，常常口若懸河、好出風頭，一點也不掩飾自己的能力。時間長了，就會讓周圍的人感到反感，甚至是厭惡。前幾天聽到這樣一個寓言故事：

一隻野兔被老鷹捉住了，這時，一隻烏鴉飛了過來，得意忘形地對野兔說：「你平時不是跑得很快嗎？這次怎麼沒有跑掉？現在知道有翅膀的好處了吧？」正當烏鴉滔滔不絕地訴說著翅膀的好處時，另一隻老鷹飛過來抓住了烏鴉。最終烏鴉和野兔擁有了同樣的命運。

幸災樂禍的人，往往接下來就是樂極生悲，像烏鴉這樣的人，在人際交往中，很容易引起他人的不滿。與人相處，稍有處理不當，就會招致麻煩。也許別人並不在意你的優越，但是你卻總是有意地顯露出你的優越；也許別人可以容忍你一次的傲氣，但是沒有人會永遠容忍你；也許某一個人可以包容你的張揚，但不是所有人都能夠包容你。

當我們處在得意時期的時候，要想到在我們的身邊，總有一些正在失意的人，在這樣的人面前，你的過分張揚，就很容易引起別人心理上的不平衡。低調做人，並不是自

卑自賤，是有傲骨而不顯傲氣。這樣做，你取得了成績，周圍的人會為你高興，倘若你遇到了挫折，也不會換來別人的冷嘲熱諷。俗話說：「花要半開，就要半醉」，做人就是這個道理，不能夠太鋒芒畢露，要懂得隱藏。低調做人，同時也是保護自己的一種辦法。前面曾說到楊修愛耍小聰明，現在說一個和楊修截然相反的人——荀攸。

荀攸是輔佐曹操的大臣，在曹操身邊二十年，從來沒有人到曹操那裡進讒言加害於他，也沒有因為得罪過曹操而引起曹操的不悅。在曹操身邊做事，能做到這程度十分不容易，曹操的嫉妒心理極強，稍有不慎，可能就是人頭落地的下場。

這不是因為荀攸是一個平凡的人，遭不到別人的嫉妒，他很會做人。平時十分注意周圍的環境，參與軍機，他聰慧過人，連出妙策；迎戰敵軍，他奮勇當先，不屈不撓；對曹操，對同僚，他從來不爭高下。總是表現得很謙卑，怯懦，甚至是愚鈍。

一次，他的表兄弟辛韜詢問他曾經幫助曹操謀取冀州的情況，他極力否認是自己的功勞，說自己的什麼也沒有做，對自己的功勞守口如瓶，諱莫如深。正是因為他善於安分守己，他才能在複雜的政治漩渦中從容自如，在極其殘酷的人事傾軋中，始終地位穩定。

同樣都是聰明人，荀攸和楊修卻是兩種不同的結局，不同之處就在於：荀攸擁有的是大智慧，他懂得低調才不會處處碰壁，他的高明之處就在於，有能力做高調的事情，卻從來不不高調地顯露出來；而楊修擁有的是小聰明，總是毫不掩飾地顯露出自己的才智。「木秀於林，風必摧之」，這是自然界的規則，也是人際交往中的法則，樹大招風，太過招搖，只會惹禍上身。

然而，低調並不是目的，低調是為了不鳴則已，一鳴驚人。低調做人是高調做事的潤滑劑和推進器。做事是根本，高調做事是要你不要以平庸的目標衡量自己。是要你從一開始就能站得比別人高，看得比別人遠；是要你有絕對負責的責任心，並在執行中不找任何藉口；是要你比別人付出更多、做得更快，並且不單槍匹馬逞英雄；是要你貢獻功勞而非呈獻苦勞；是要你不屈不撓、愈挫愈奮，努力向卓越邁進。

【進取之道】

古人云：「欲成事先成人。」低調做人，高調做事，是一門精深的學問，也是一門高深的藝術，也是一生做人的準則。遵循此理能使我們贏得一個涵蘊厚重、豐富充實的人生。

硬碰硬，只能激化矛盾

人和人的性格不盡相同，但是人際交往又是我們生活中不可缺少的活動，這就少不了產生矛盾。這時候，你是怎麼去解決的呢？爭一時之勇，賭一時之氣，爭個你死我活？還是得饒人處且饒人，忍一時風平浪靜，退一步海闊天空？當你不知該如何選擇的時候，先來看一看這一則寓言。

一天，獅子建議八隻野狗和一隻狼與牠合作獵食。牠們打了一整天的獵，一共抓了十隻羚羊。獅子說：「我們得去找個英明的動物給我們分配這頓美食。」

一隻野狗說：「一對一就很公平。」獅子很生氣，立即把牠打昏在地。

其它野狗都嚇壞了，這時那隻狼鼓起勇氣對獅子說：「尊敬的獅子先生，我們可以這樣分：如果我們給您九隻羚羊，那您和羚羊加起來就是十隻，而我們加上一隻羚羊也是十隻，這樣我們就都是十隻了。」

獅子滿意了，說道：「你是怎麼想出這個分配的妙法的？」狼說：「當您打昏野狗時，我就立刻想到了這件成人之美的妙法。」

一隻狼和八隻野狗分一隻羚羊，在我們看來吃虧的行為，但如果他們不照做，面臨的就是獅子的利爪。生命和食物，哪個更重要一些？這樣一比較，結果就很明顯了。然而，在生活中，常常有人不諳此道，認為好漢不吃眼前虧。正是因為這樣的想法，人生有多少憾事，多少不幸，多少悲劇都是因此而起。

所以，當我們與人發生矛盾時，就要想一想，兩敗俱傷是不是我們所想要的結果。我想大多數人都不想要這樣的結果，沒有人願意為了一時之氣，付出慘重的代價，甚至是一生的前途。聰明的人，會選擇退讓一步，以柔克剛，就如一塊巨石狠狠地砸在了一堆棉花上，只會被棉花輕輕地包裹在中間，雙方都不會有任何的損傷。

在大多數人的心中，從事科學研究的人都比較刻板。可是生物學家巴斯德（Louis Pasteur）卻不是這樣。

一次，巴斯德正在自己家中的實驗室中工作。突然闖進來一個身材魁梧的男人，那個男人一進來就指著巴斯德說：「你這個混蛋，誘騙我老婆！我要和你決鬥。」

巴斯德想了半天，也沒有想到自己和哪個有夫之婦有過瓜葛，面對平白無故地被冤枉。一般人早就以武力解決問題了。可是巴斯德卻沒有這樣做，他看著眼前這個男人，健碩而高大。與他決鬥，肯定是兩敗俱傷。於是巴斯德平靜地說：「我是冤枉的……」沒想到那個失去理智的男人，根本不聽巴斯德的解釋，執意要和他決鬥，還不停咒罵著巴斯德。

無奈之下，巴斯德只好說：「決鬥可以，但是我有權利選擇武器。」那個男人同意

了。接著，巴斯德指著自己面前的兩隻燒杯說：「這兩隻燒杯中，一杯是天花病毒，一隻裡面是清水。我們各選一杯喝掉，為了顯示我的公平，你先選吧！」

那個男人顯然沒有想到巴斯德會用這樣的方式和他決鬥，在生死的關頭，那個男人只好停止自己的謾罵和決鬥的想法，識趣地離開了實驗室。其實那兩個燒杯中都是清水，巴斯德就是是運用以柔克剛法，才遏止住了對方的火焰。

凡是一些非原則性的事情都可以選擇讓步，歷史著名的「廉頗和藺相如」的故事，曾令多少人為之感動。正是因為他們之間的相互退讓，才沒有給秦國可乘之機，忍了一口「閒氣」，換來一個國家的安寧、平靜。

這就是所謂的「退讓之益」了。一個人要想有所作為，要想與周圍的人友好相處，就必須頭腦冷靜，無論做什麼事情，情緒激動都容易壞事。「忍」從某種程度上說，就是謹慎。人做人謹慎一點，只有益處，沒有壞處。

在複雜的人際交往中，學會讓步，並不代表你輸了，就算是有些事情不能夠令你滿意，但是總會讓你從中獲益；事事爭個贏，吃不得一點虧，在別人眼中就會落下不好相處的印象，那麼最後別人會不願意和你來往，那時候，你就是真正的輸家了。

【進取之道】

讓步是一種雅量，是一種風度，它可以化解許多不必要的衝突，減少人際關係中的摩擦，緩解緊張的關係。

少占便宜，多吃虧

對於「吃虧」二字，我們普遍認為：誰吃虧誰是傻瓜，誰能占便宜誰就是聰明人。所以誰都不願意吃虧，誰都想占便宜。其實不然，在人際交往中，如果只是一味的想要占便宜，人人都會對你敬而遠之。

但是，往往有人就怕自己吃虧，怕到一兩塊錢的利益都不願意捨棄。前幾天在菜市場買菜，看見了兩個人因為一塊錢，打得頭破血流。

一個人一邊選菜，一邊和老闆討價還價，老闆不同意。這個人就和老闆爭執起來，老闆終於同意優惠一點，可當這個人選好了菜，要付錢時，老闆還是按原價收，這人見老闆少找給自己錢，就一肚子的不滿。沒想到這個老闆也不是一個好對付的人，說：「願買就買，不買拉倒。」這人一聽火冒三丈：「我就不買了呢，你能怎麼辦？」說完把菜往地上一扔，準備要走，老闆見狀忙追上去讓這人撿起來。這人就是不撿，老闆一急踩了這人一腳，這個人不服輸，拿起地上的磚頭就打向老闆的頭部，老闆當場暈倒，被送入醫院。這個人本來想占點便宜，結果沒想到不但便宜沒占到，還給自己惹了一身官

司，賠上了近千元的醫藥費。

作為旁觀者，我們都看到了雙方的錯誤，可當事人就是不願意放下那一點小利益。有時候，你覺得自己是在占便宜，其實真的是在占便宜嗎？每當遇事該吃虧的時候，就不妨吃虧一下，吃點虧，讓一步，不是弱者而是英雄。因為你用理性的智慧吃了小虧，避免了大虧。

每天都有人會占上便宜，有些人今天吃了虧，明天占了便宜；有些人今天占了便宜，明天反而吃了大虧；還有些人從來不想吃虧，可是事與願違結果是吃了大虧；更有些人明知道自己吃了虧也不當成一回事，結果最後卻反而占了大便宜。與人相處的時候，吃了虧，也許虧在了利益，但是贏得了人心，這是一種為人的藝術。

鄭板橋有一個橫幅，上面寫著四個大字：「吃虧是福」。可見鄭板橋很有感悟，把吃虧和占便宜的事情看得很透徹，吃虧沒有什麼了不起的，吃虧是一種福分，他勸慰人們看淡世事。其實世界上的事情非常複雜，吃虧和占便宜也是相輔相成的，有些時候一些人表面看上去是吃了虧，但是實際上卻占了大便宜。就拿《水滸傳》的宋江來說，我一直不能理解，不能文不能武的宋江為什麼能坐上梁山上第一把交椅，後來才明白，就是因為他懂得吃虧。

在梁山一百〇八條好漢當中，論武藝，他大不及林沖、武松；論智謀，他又和吳用相差甚遠。但是他卻能讓梁山大大小小的強盜都順從。原因就在於，和宋江在一起，他寧可自己吃虧，也不會讓大家吃虧。

宋江被發配到江州監獄服刑的時候，結識了李逵。當時。李逵賭博輸了很多錢，宋江知道後，二話不說，立刻給了李逵十兩銀子。宋江送銀子的事情被監獄長知道了，他告訴宋江說李逵是一個好賭之徒，給了他錢，他肯定又去賭，錢就要不回來了。沒想到，宋江卻是一副毫不在乎的樣子，說李逵是一個忠厚之人，錢財並不重要，輸就輸了。

結果，李逵真的把這十兩銀子輸掉了，李逵耍賴不願意給錢，引起了爭執。這時，宋江及時趕到，把李逵輸掉的錢給了人家，並和李逵說，需要錢的時候，跟他要就是了。自此以後，李逵就死心塌地地跟著宋江，即使是喝毒酒都在所不惜。

無論是誰，碰到這樣的大哥都會感激涕零，更何況是生性耿直頭腦又簡單的李逵呢？就用了十文錢，宋江就換來了李逵的忠心耿耿。可見，凡事自己的吃點虧也不願意委屈別人，將會贏得別人的尊重和敬仰。這時候，吃虧就成為了一種福氣，一種境界了。

古人曰：小不忍則亂大謀。斤斤計較的人永遠成不了大事。能把吃虧看成是福的人必是大徹大悟，其實我們沒有必要在一些細小事情上太在意，同事之間，朋友之間，親人之間難免會遇到一些利益關係，不要老是想著占便宜與吃虧，把原本單純的關係利益化、複雜化。

【進取之道】

與人相處，不是想著自己要得到些什麼，而是自己能付出什麼。即使吃一點小虧無所謂，但是便宜不要去占，吃得小虧，才不至於吃大虧。

大善常常隱身

孟子說：「取諸人以為善，是與人為善者也。故君子莫大乎與人為善。」意思是說：君子的最高德行就是與人為善。

與人為善包括兩個層面：善心和善行。在我們的生活中，與人為善的例子不在少數，比如公車上讓位給老人、殘疾人、孕婦；例如，撿到別人的東西不論貴重與否都歸還的；例如，當別人發生糾紛時，不火上澆油，而是幫助別人化解的……這樣的事例太多了。首先，要有善心才會有善行。那些作奸犯科的人，都是所存善心不夠。

當你看見一個人從市場買回魚、鳥，然後再走到郊外放生時，你一定認為這個人是一個善良的人，而且這樣的善良不是所有人都可以做到的。你絕對想不到的是，做這件事的，曾經是一個殺人不眨眼的人。他就是現在已經被警方拘捕的王某。

王某經過了十多年的逃亡之路，只有被關入牢房的那一晚才睡得最踏實。十幾年前，因為喝醉酒，受不了鄰居一家對他的挑釁，一怒之下，四條人命都死在他的屠刀下。接著他躲過了員警的追蹤，在一個煤礦安身。幾年過去，日子平安無事，於是王某娶了妻子，生了孩子，但是他仍然對周圍的一切充滿懷疑。

最終改變王某的是，一次女兒生病了，要做手術，他一下子拿不出那麼多錢來，這時候工地上的工友們把自己為數不多的錢都借給他，為他女兒治病。工友們的行為，讓王某看到了世界美好的一面。

從那時候起，王某開始幫助他身邊需要幫助的人，也是從那時候起，他開始懺悔自己的行為，希望透過自己的善行，為死去的人積德。

其實，善良和邪惡不是站在對立面的，他們是住的很近的「鄰居」，當你身邊有邪惡的人時，你絕對可以以你的善良喚起他心底的良知。如果不是周圍人的善良，王某也不會意識到曾經的自己是多麼罪不可赦。

不要等到犯了錯誤的時候才去想要悔改，當你心中充滿邪念時，你所看到的世界就是奸詐和虛偽的，這樣的你無法做一個善良的人。當你心中充滿善念時，你所看到的世界也是溫暖的，美好的，你才能更愉快地與人相處。甯書綸老先生就用他的善良感染了

身邊許多人。

作為中國著名的書法家，甯書綸先生是書法界公認的「好好先生」。至今已八十八歲高齡的甯老先生，在一生中，對於別人有求於他，可謂是有求必應，卻從來不計回報。他對別人的幫助不是一時的難以拒絕，也不是短暫的興之所至，而是長達半個多世紀一貫如此。

最讓人津津樂道的一件事就是：一個編輯的家人被汽油燒傷，為了託醫院的醫生多關照，因為怕直接送錢醫生不收，就求助於寧書綸，希望能用寧書綸的真跡去打通醫院的關係。寧書綸知道事情的原委後，連忙問需要多少張，那位編輯說需要十多張。寧書綸的字很值錢，那編輯一張口就要十多張。但是寧書綸二話不說，就從櫃子裡找出十多張送給了那個編輯。

那位編輯感動地不知如何是好，連忙表示要重謝寧書綸。但是寧書綸卻以救人要緊，婉言拒絕了。多年來，為救災、為殘疾人募捐、為少年兒童的教育事業籌集資金，甯書綸先生捐出的書法作品不計其數。他曾收到一副對聯：「善行當仁不讓，義舉捷足為先。」

凡是有人向他求字，他都豪不吝嗇。朋友勸他：「物以稀為貴，字寫的多了就不值錢了。跟你要字你就給，那誰還會花錢去買你的字？」

甯書綸先生知道這是好話，但是卻不以為然：「我衣食住行，無憂無慮，是朋友幫我換房買房，給孩子安排工作，我有病給我請醫生，買藥送藥。社會待我不薄，我除了寫字外沒有其他本事，怎麼能吝嗇筆墨呢？」

正是甯書綸先生的這種平實、知足的心態，讓他常常與人為善卻不計較回報。也正是因為這樣他的善行才會開花結果，最後再葉落歸根到他的身上。與人相處，不能丟掉善良的心，這是你得到別人善良相待的根本。

【進取之道】

善良是一種世界通用的語言，它可以使盲人「看到」、聾子「聽到」。心存善良之人，他們的心滾燙，情火熱，可以驅趕寒冷，橫掃陰霾。

讓尷尬以和諧收場

尷尬是每個人都不願意碰到的事，因為那將意味著你遇到難以解決的事情了，或者是當眾出醜了，那樣的感覺比受到公開的批評更讓人難受。當遇到這樣的情況，已經出了糗了，再挽回也是於事無補，到不如學會自嘲，用幽默來化解尷尬，把快樂帶給大家，這樣尷尬就能夠以和諧收場了。

主持人是公認的反應能力強，而我在一場現場演出中，真正見識到了。

那是大型的節目主持現場，英俊瀟灑的主持人一邊和台下的觀眾打招呼，一邊向舞台中間走來，也許是台下的觀眾太熱情了，主持人太過高興，竟然忘記了腳下的台階，結果結結實實地摔在了舞台上。在台下的觀眾立刻大笑起來。只見這位主持人不慌不忙地站起來，自嘲道：「本來想給大家表演一個前空翻，結果技能沒有掌握好。所以只好請大家看雜技表演了。」

一番自嘲話讓節目順利進行，還給自己化解了尷尬的境遇。

但有時我們還會遇到這樣的情形，就是自己做丟人的事情，但是身邊的人有意無意地會當眾說出一些我們身上的短處，或者是不願意讓人知道的事情。這時候，從我們內心來講，是很生氣的，恨不得立刻把那個人教訓一頓。但如果那個人不是故意的，那麼這樣的行為，就會讓他記恨在心，也許朋友就成了敵人；同時，在身邊的人看來，你就是一個沒有風度的人。

在西方，倘若某人缺少甚至沒有幽默感的話，人們就會說：「這人完了，他失敗了。」以這方面來講，蕭伯納（George Bernard Shaw）絕對不失敗。

據說，在一次的宴會上，蕭伯納遇到了一個胖的跟啤酒桶一樣的人，那個人聽說蕭伯納的才華，十分妒忌，就想要當中挖苦他一下，於是，他看著蕭伯納說：「如果是外國人看見你，還以為英國人都在餓肚皮呢！」

蕭伯納知道對方是在取笑他身材乾瘦，非但沒有生氣，反而謙和地說：「如果外國人看見你，就會找到飢餓的根源了。」

蕭伯納的回答，引來了周圍一片笑聲。包括那位試圖嘲笑蕭伯納的人，也不得不笑起來。

看來，幽默感可以讓你成功地避免和他人之間的衝突，同時也能夠有效地緩解自己的緊張，不但不會造成任何的損失，更不會傷及別人的面子。更主要的是，把你自己從尷尬中解救了出來。與人的交往中，遇到別人的搶話、奚落、挖苦、諷刺都是在所難免，機智的人，會用自己的智慧，讓尷尬煙消雲散。即便來者不善，也不會正面與其發生衝突，禮貌而又巧妙的回擊才是最有力度的。

在這方面，周恩來也是一個化解尷尬的高手。

在一次國際會議中，一個美國的記者在向周恩來提問時，用挑釁地口氣問道：「請問總理閣下，你們堂堂的中國人，為什麼還要用我們美國的鋼筆呢？」此話一出，立刻引起了台下的騷亂。

周恩來一下就聽出這個記者的言外之意，看著台下各國記者好奇的神情，周恩來莊重而又不失風趣地回答道：「說起這支鋼筆，是很有紀念意義的。這是我的一位朝鮮朋友作為禮物贈送給我的，是他在抗美戰爭中的戰利品。我本來是無功不受祿，想拒絕，但是朋友不肯收回，非要我留下做個紀念。朋友的一片心意，我只好收下貴國的鋼筆。」

周恩來話音剛落，就引起了台下的陣陣掌聲。那位美國記者也不得不佩服周恩來的智慧。

我們在人際交往中，也難免會遇到類似的棘手的事情，幽默機智的回答，往往會令你化險為夷，改變窘態，讓尷尬的局面在和諧中消失地無影無蹤。事態的變化常常會出現讓我們深處尷尬的局面，尤其是在一些社交場合中，用幽默來化解尷尬，不失為一種良好的修養，同時也會讓你在社交中充滿魅力，在人們的眼中，你就是一個可愛而又充滿人情味的人。

【進取之道】

幽默常常能夠化干戈為玉帛，融僵持為溝通，便沉重為輕鬆，拉近人與人之間的距離。幽默地化解尷尬，乃人類談話處事之最佳境界。

做自己情緒的主人

人生在世，每個人都會遇到因某種因素而帶來的憤怒情緒，有些時候，這種情緒會妨礙你的人際交往，因為沒有人願意和一個經常發脾氣的人交往。改變這種心態的法則是學會駕馭自己的憤怒。

確實，在現實社會中，有的憤怒是必要而重要的——比如，對社會上不公正的憤怒，或對所處的腐敗時代的憤怒。但是，一個人如果不加控制地對別人表示憤怒，那麼，他將受到譴責。

那麼，當人們不能駕馭自己的性情時，該怎麼辦呢？

有一個人脾氣很壞，當人們和他爭吵時，他不是應答，而是喊叫和詛咒。而平靜下來後，他又會為自己的舉動而懊悔。

他去問一個先賢：「我怎樣才能在憤怒的時候不詛咒別人？」

先賢回答說：「你可以在詛咒之後對自己說：『我對他詛咒的一切都會發生在我的身上。』或在詛咒之前說：『我詛咒他的一切也許會落到我頭上。』。這樣你就不會詛咒了。」

但是，那人不願意聽從這個建議。相反地，他決定每次喊叫和詛咒的時候，要貢獻一份施捨，一想到要拿出那麼多錢，他就不敢再詛咒了；而且對他而言，施捨是對壞脾氣的賠償；但對施捨而言，壞脾氣是利益之源。

這就是駕馭自己性情很有效的方式。能夠駕馭自己的情緒，可以使我們避免一些衝動的行為，同時也能顯示出我們良好的修養。

希賴爾是一位智賢，他出生在巴比倫尼亞，他一生中從來沒惱怒過，但有兩個閒人卻特意設計出一系列令人惱怒的問題，想激怒希賴爾。

為此，他們兩個人各下了四百祖茲（古阿拉伯貨幣單位）的賭注。他們說：「誰能惹希賴爾發怒，誰就能得到這四百祖茲。」

其中的一個人就去了。那天是安息日前夕，時近黃昏，希賴爾正在洗頭，那人來敲門。

「希賴爾在哪兒？希賴爾在哪？」那人大聲喊叫著。

希賴爾披上一件外套，出來迎接。

他說：「孩子，怎麼啦？」

那人說：「我需要問一些問題。」

「問吧。」希賴爾說。

那人問道：「為什麼塔德莫瑞特人的眼睛是模糊的？」

希賴爾說：「因為他們的家在沙漠，風沙吹啊吹的，他們的眼睛就變得模糊了。」

那人離開了，等了一會兒，又回來敲門。

「希賴爾在哪？」他大聲喊叫著，「希賴爾在哪？」

希賴爾披上外套走出來。

他說，「孩子，怎麼啦？」

那人回答說：「我需要問幾個問題。」

「問吧！」希賴爾說。

那人問道：「為什麼非洲人的腳是平的？」

「因為他們居住在潮濕的沼澤中，」希賴爾說，「任何時候他們都走在水裡，所以他們的腳是平的。」

然後，那人離開了，等了一會兒，又回來敲門。

「希賴爾在哪？」他大聲喊叫著，「希賴爾在哪？」

希賴爾披上外套走出來。

「你想問什麼？」他問道。

「我要問一些問題。」那人說。

「問吧。」希賴爾對他說。他穿著外套，在那人面前坐了下來，說：「問什麼？」

那人說：「這是王子回答問題的方式嗎？整個以色列再沒有像你這樣的人了！」

「天哪！」希賴爾說，「我要馴服你的靈魂！你想要什麼？」

那人問道：「為什麼巴比倫尼亞人的頭是長的？」

「孩子，」希賴爾回答說，「你提出了一個重要的問題，在巴比倫尼亞，由於沒有熟練的接生婆，嬰兒出生的時候，奴隸和婦女在他們的腿上照料孩子。所以巴比倫尼亞人的頭是長的。可是在這裡，有熟練的接生婆，嬰兒出生的時候，在搖籃裡能得到很好的照料，他們的頭受到摩擦。這就是為什麼巴勒斯坦人的頭是圓的。」

「你讓我失去了四百個祖茲！」那人大喊起來。

希賴爾對他說：「你因為希賴爾失去四百個祖茲，也比希賴爾發脾氣更好些。」

從這個故事中可知，在一個會令絕大多數人發怒的情形下，希賴爾卻以溫和的方式控制自己，並最終馴服對方。這才是為人處世的大智慧。

【進取之道】

控制住自己的情緒，想要發怒的時候，在心裡默數到十，你會發現所謂讓你無法忍受的事情，也不過如此。

正理不妨歪說

很多人認為說話直來直往是坦率的表現，但是往往直言直語所說出來的話都是欠考慮的，只想到自己「不吐不快」，而沒有考慮到別人的立場、觀念、性格和感受等方面的因素。這樣，你說出來的話，往往就會成為傷人的「利劍」。

小時候最怕的事莫過於吃藥了，這時媽媽說吃完了藥就買糖吃，我就會乖乖地把藥吃掉。媽媽在小時候用在我身上的辦法，在如今的人際交往中，同樣也試用。當有人求你幫忙，但你實在是辦不到，此時，你要是直言拒絕，一定會讓對方受到傷害，但是你要是能夠把自己的話轉個彎，同樣別人也能明白你的意圖，就不會為難你了。可是這彎怎麼轉呢？先看看林肯（Abraham Lincoln）是怎麼做的吧。

一次，林肯被邀請到某個報紙編輯大會上發言。因為自己不是編輯，他認為自己不適合出席這樣的會議。為了讓大家明白他的意圖，他在會上給大家講了一個故事。

「有一次，我在森林中遇到了一個騎著馬的婦女，我停下來給她讓路，沒想到看到我後，她也停了下來，然後目不轉睛地盯著我看。她說：『我現在才相信你是我見過的最醜的人！』我說：『這我也知道，可是我又能有什麼辦法呢？』她說：『當然，你已生成這副醜相是沒有辦法改變的，但是你至少應該知道待在家裡不要出來嘛！』」

林肯藉著一個小故事，婉轉地表明自己的態度，也讓主辦方明白了他的意圖。

做老實人，說老實話是待人處事的一條準則，但是，不見得這樣做就能讓你更受大家的歡迎。中國行為模式很特殊，最明顯的一點就是表面上是這樣，但事實上卻可能夾帶了另一層意思。就好像每個人都說自己喜歡直來直往的人，但是真正遇到直來直往的人，也許就會受不了對方的直接。做老實人沒有錯，但是說話太老實，就有欠妥當了。

當你想要給別人建議，或是對別人的行為做出批評時，如果絲毫不加掩飾地提出來，別人勢必難以接受。有時候，言語中多一些技巧，就像是苦藥外面的一層「糖衣」，這樣更容易讓人接受，同時也不會招來別人的記恨。尤其是在給一些有權勢的人提出建議時，更要注意自己的方式。

朱元璋打下了江山後，以為再也不用勞神費心了，但是沒想到剛坐上龍椅，一個棘手的問題就擺在了他的面前，就是冊封百官。因為功臣有數，但親朋好友也不少。如若冊封，無功不受祿，只怕招來群臣的不滿；如果不冊封，面子上又過不去。

朱元璋拿著花名冊，不知如何是好的樣子被軍師劉伯溫看在了眼裡。劉伯溫看到了皇上的難處，但是又不敢直諫，一來他怕得罪了皇親國戚，二來他怕冒犯了皇帝，落下罪名。可是國事當前，不能視而不見。思來想去，他想到了一個辦法，畫了一幅人頭像，人頭上長著束束亂髮，每束髮上都頂著一頂烏紗帽，然後把這幅畫獻給了朱元璋。

朱元璋看到劉伯溫的畫後，立刻就明白了劉伯溫的用意，這幅畫表現的是「官（冠）多則法（發）亂。」劉伯溫此舉不但沒有傷及朱元璋的面子，不犯龍顏，還道出了自己的諫言：官多法必亂，法亂國必傾，國傾君必亡。畫中有話，柔中有剛，可算是高明的勸諫之道。

在皇帝面前提建議，就等於提著自己的腦袋說話。劉伯溫不愧為軍師，想出這樣高明的勸諫方法。「說話轉個彎」，明眼人一下就能明白你的意思，既不傷害他人的顏面，又能達到自己的預期的目的，何樂不為呢？直言直語是表現出了為人的坦率，但是，卻遠遠不及「把話轉個彎」有效果。

在人際交往中，當你發現了他人的缺點或不足之處，必須要和對方說的時候，與其直接指出，不如委婉含蓄相告。直接指出，也許會讓對方更明確你的意途，但是這樣的方式不是人人都可以接受的。為了以防萬一，還是採取「轉彎」說話的技巧吧，既能達到你的目的，也能避免衝突的發生，可謂是一舉多得。

【進取之道】

正理歪說，是說話人語言技巧高超的表現。所謂「曲徑通幽」，輪船要繞，才能避開險灘暗礁，一帆風順。

言而有信，人恆信之

一個良好的人際交往形象離不開信譽，因為每個人都願意和言而有信的人打交道，一個有信用的人能夠做到言行一致，別人可以透過他所說的去判斷他所做的，從而才能夠確定這個人是不是值得自己信任，是不是值得自己交往。

所以，你必須重視你說過的每一句話，對別人許下的諾言就要盡力去辦到。否則不但會給別人的感情造成傷害，也給自己的聲譽帶來了不好的影響。引發第一次世界大戰的拿破崙（Napoleone Buonaparte），就曾因為一句話使自己的名譽受損。

那是發生在一七九七年的事情，拿破崙和他的新婚妻子到盧森堡的一間學校去參觀，他們的到來受到了全體師生的熱情款待。拿破崙為此深受感動，當場向校長贈送了一束價值三千金路易的玫瑰花，並說：「我會永遠記住你們的熱情款待，每年的今天我將派人送給貴校一束價值相等的玫瑰花。」

也許是由於拿破崙公務繁忙，也許是因為他忘記了，不管是什麼原因，拿破崙沒有在之後的日子中兌現他的諾言。一九八四年的時候，盧森堡政府重提此事，向法國政府要求索賠，連本帶利金額高達一百三十七萬餘法郎。法國政府不甘心為了一句話而付出如此高的代價，但又害怕拿破崙的聲譽因此受損，只好寫了一封委婉的道歉信，這件事情才算了結。

作為一個統治者，更應該遵守自己的諾言。國與國之間是這樣，人與人之間也是如此，沒有什麼比誠篤守信、取信於人更加重要的了。對於那些輕易許下諾言，卻又很少遵守的人，只會給身邊的人留下一個言而無信的惡劣印象，漸漸地你就會被你身邊的人疏遠。

不管你是在什麼情況下辦什麼事情，總要對自己說的話負責。你要用自己的行動說服別人的異議，要讓他們親眼看到你所做的都是為了他們的利益。為了遵守承諾，有時候甚至需要犧牲自己的利益，給人一個可信的面孔。

漢靈帝末年，朝野動盪。華歆和王朗二人準備一同乘船逃難，就在他們準備登船的時候，從遠處慌慌張張得跑過來一個人，此人央求華歆和王朗能夠帶上他一起逃難。華歆對此顯得有些為難，但是王朗卻說：「做人應該大度一些，搭船而已。」便讓那人上了船。

沒過多久，強盜就追上來了。王朗見狀，就想把搭船的人扔掉，此時華歆說：「我剛才的猶豫就是怕此人給我們招惹麻煩，但是現在我們既然已經接納了他，他把性命交給我們，就是對我們的信任，我們不能因此而拋棄他。」

後人經常以這件事情來衡量華歆和王朗的為人。在現實生活中，講信用，守信義，是立身之本，是一種高尚的特質和情操，它既體現了對人的尊重，也表現了對自己的尊重。無論你處在什麼位置上，你的信譽越好，你周圍的朋友也就會越多，相反，如果你總是失信於人的話，別人漸漸地就會與你疏遠了。就我們自己而言，也不願意和一個不信守承諾的人在一起。

許多時候，對於我們自己許下的諾言，我們可以付出自己的努力去實現；但有些時候，許下的諾言常會因為一些客觀的因素而導致無法實現。這個時候，你就要拿出百分之百的真誠，向你對之許諾的人表示歉意，不要去顧慮是否會有損自己的顏面，要知道答應了卻辦不到，又沒有道歉的，才是真正的丟失了面子。我相信，只要你真誠地道歉了，就一定會得到別人的諒解。

【進取之道】

做一個受歡迎的人，首先就要做一個誠實守信的人。要言必行，行必果。要懂得「生來一諾值千金，哪肯風塵負此心」。

第三章　不要成為金錢的奴隸

金錢：可以買「珠寶」，但不能買「美麗」；可以買「房屋」，但不能買「家庭」；可以買「娛樂」，但不能買「快樂」；可以買「玩伸」，但不能買「朋友」；可以買「肉體」，但不能買「愛情」；可以買「武器」，但不能買「和平」。

依靠誠信獲得永恆的財富

孔子曰：「不義而富且貴，於我如浮雲。富與貴，是人之所欲也；不以其道得之，不處也。」這句話的意思是用不義的手段得到富與貴，對於我，那些富與貴就如同天上的浮雲。發財和升官，是人們所希望的，然而若不是用正當的方法去獲得，君子是不接受的。這句話距今兩千四百多年，話到了今天依然適用，成功人士無一不是靠誠實贏得了信譽，才使自己的事業如日中天的。

知道李嘉誠的人，都知道他擁有令人羨慕的財富事業。但使我印象最深的，卻是他那和睦的待人處事態度和他對做任何事情的誠信態度。我想就是因為這樣才成就了他今天的事業。

在李嘉誠還在開塑膠廠的時候，有位歐洲批發商看中了李嘉誠的企業，想大量收購，可這時剛好李嘉誠的企業資金發生了問題，所以那位批發商在和李嘉城做生意之前附帶一個條件，那就是找一家實力雄厚的公司或個人做擔保。然而，沒有人願意擔此風險，李嘉誠不得不想另外的方法來尋求合作的可能性，那就是開發新產品，時間緊迫，他不眠不休地趕出了九款樣品。第二天他帶著新樣品去和那個批發商交涉，他自信而執著的說：「我沒有找到合適的擔保人，但請你相信我的信譽和能力，我的原則是做長生意，做大生意，薄利多銷，互利互惠。」批發商聽完他說的話，微笑著說：「我早已找好擔保人了，那個人就是你，你的真誠和信用就是最好的擔保。」這次生意的成功使李嘉誠的公司實力上了一個台階。

李嘉誠收購和記黃埔後，企業涉及的行業和專業越來越複雜，仍然還有著建廠時進廠的老員工。用他自己的一句話就是「你必須以誠待人，別人才會以誠相報。」這也是為什麼李嘉誠能用七億資產的中小型企業，成功地控制資產價值六十億的香港第二大英資洋行和記黃埔。就是因為他的誠信使人信服於他。

李嘉誠的奮鬥史，很多人都視為是傳奇，但是唯有誠信是不容置疑的。不管你現在做什麼工作，哪怕只是一個小小的職員，想要發展自己的事業，想要有一番作為，誠信是絕對不可丟掉的。

成剛是一家著名房地產公司的總經理，年僅三十八歲。很多人都說他少年得志，前途不可估量。面對眾人的恭維，他只會報以輕輕一笑。只有他自己知道少年時，曾經是如何的不得志，自己的前途要如何去做才能真正無量。

二十歲的成剛，大專畢業，一個不怎麼熱門的科系讓他在找工作的道路上處處碰壁。最後終於有一家房地產公司聘用了他。他以為靠自己的勤勞總會闖出一片天。別人吃飯的時候，他一手拿饅頭，一手拿資料。假日，別人在家裡休息，他卻頂著烈日輾轉在各個社區之間跑。結果一個月下來，他的業績確是最差的，成交量為〇。

「皇天不負有心人」這樣的話在他身上徹底失效了。總結原因，不是他的介紹不好，也不是他的態度不誠懇。而是他說了太多的實話。比如月中他接待的那對年輕夫婦，他們準備買套二手房。剛開始聽成剛的介紹覺得很滿意，不管是房型、地段還是價格都合心意。更主要的是房子看上去有七成新。結果在那對夫婦準備付款的時候，成剛卻告訴他們說這間房子還要花一萬多塊錢來重新裝修一下，因為它的房頂有些問題，不修的話無法正常入住。那對夫婦一聽這樣，就放棄了這個房子。每一次的生意都是在成剛的大實話下夭折。最後老闆忍無可忍，說自己不是花錢雇人來揭露底細的。就這樣成剛被開除了。接連之後的幾家公司也都是因為這個原因解雇了成剛。

走投無路的成剛只好打起了自己創業的算盤，他向家人向朋友借了一些錢，成立了一個小小的房屋仲介所，員工和老闆都是他一個人，開始時候生意很慘澹，但是他始終沒有放棄誠信做人的原則。慢慢的很多人知道他是這個城市中最誠實的房屋仲介，紛紛來找他買房，一次不滿意的第二次還會來找他。就這樣，從一個只有一個人的房屋仲介所發展成了今天擁有上萬人的房地產公司。

他的經驗總結來就是四個字「誠信做人」。他因為誠信而得到的，遠遠比他因為誠信而失去的東西要多的多。不管過多久，公司發展的再大，他也不會摒棄這個做人的原則。人們常說的一句話就是「無商不奸」，似乎只有奸詐的人才能發財，老實人卻注定要吃虧。其實，誠實才是商界裡推崇的東西，靠玩弄心機來取得財富的人，最終會自掘墳墓。

【進取之道】

人無信而不立，誠信正直帶給你的是永恆的財富。縱使你已經是百萬富翁，為富不仁，也會讓你的財富毀於一旦。

不吃免費的午餐

「懶惰」是一個很有誘惑力的怪物，人的一生中誰都會與這個怪物相遇。誰都曾幻想過天上可以掉下來個肉餅，讓自己美美地吃一頓免費的午餐。可是在我們的生活中，天上是不會掉餡餅的。

當我們為了生計而勞累的時候，不免會羨慕那些不用整日奔波，就能過上舒適生活的人，其實我們所羨慕的人，並不是我們所看到的那樣舒適，只是他們奮鬥的時候我們沒有看到罷了。有努力才會有收穫。有一分努力，便有一分收穫，在這個世界上沒有一勞永逸的事情，只有早起的鳥兒才有蟲吃，然而很多人卻不明白這個道理。

第三章　不要成為金錢的奴隸

一個窮漢每日在農地裡勞作，莊稼種的馬馬虎虎，卻總想著神靈能賜給他財富，供他今生享用，這樣他就不用再辛苦得勞作了。

他為自己的想法而得意。於是就把他的弟弟喊來，把家裡的農活交給了他弟弟，讓他弟弟照料一家人。然後他就來到廟裡，不分晝夜的膜拜，請求天神賜給他今世的安穩和利益，讓他財源滾滾。

天神聽到了他的祈求，暗自思忖：這個懶惰的傢伙，前世沒有積下什麼功德，這一世還想白白享受榮華富貴。我該給他點教訓才是。於是天神就答應了他的請求，讓他回去，說：「只要你天天坐在屋子裡想著金銀財寶，自然就會有的。」

這個人回到家中以後，把自己關在屋子裡不吃不喝，就想著數不盡的金銀財寶。而他的弟弟辛勤地在田地裡勞作，到了秋天的時候賺了很多錢。弟弟高興地拿著錢去給這個人看，這個人很納悶為什麼弟弟會有這麼多錢，而自己每天都在想著金銀財寶的到來，卻沒有錢。於是就氣衝衝得去找天神理論。天神似乎知道他會來，還未等他開口就對他說：「我就是要你明白，一切皆有因果。佛說的種，就是這種因。你要想得到各種果實，就得付出勞動。像你弟弟一樣付出，方能得到回報。」

窮漢聽完天神的一席話，羞紅了臉。從此辛勤的勞作，過上了豐衣足食的生活。

窮漢只想著享受，不想去勞作。可是不勞作，有什麼資本來享受呢？馬克思（Karl

Marx）勤奮讀書撰寫了巨著《資本論》；居禮夫人（Maria Salomea Skłodowska）勤奮實驗發明了新元素；巴爾扎克（Honoré de Balzac）勤奮寫作給後人留下「人間喜劇」。但凡有所作為的人，無一不與勤奮有著難解難分的緣分。

【進取之道】

成功從來不會從天而降，守株待兔你得到的永遠只是一隻兔子。你要想得到成千上萬的兔子，就付出勤奮的勞作。

不要丟了西瓜撿芝麻

很多時候，人往往會因為一點小的利益而失去了更重要的東西。有人曾看到比爾·蓋茲（Bill Gates）掉在地上一千美元，但是他都不會彎腰去撿，因為比爾·蓋茲彎下腰去撿那一千美元的時間可以讓他再賺N個一千美元了。所以還不如利用撿一千美元的時間，去賺更多的一千美元。這也是為什麼比爾·蓋茲能成為世界首富的原因，因為他懂得什麼是西瓜，什麼是芝麻。

可有的人偏偏就不懂得這個道理，常常丟了西瓜去撿芝麻。

一個人借給了朋友二十元，過了很長時間朋友都沒有還。這個人總是想著他那二十元，簡直到了寢食難安的地步。於是，他決定向朋友去要。

他家和朋友家一個住在城南，一個住在城北，為了要回那二十元，他得花兩元坐公車。沒想到，當他到了朋友家的時候，發現朋友家裡沒有人。朋友不在，他也無處可去，只好站在門外等，等到下午肚子餓了，他在附近的麵館花了八元吃了碗麵，然後繼續站在朋友家的門口等。等著等著打瞌睡了，便靠在門口睡著了。一覺醒來，天色已晚，公車都下班回家了，朋友也沒有回家，他只能搭計程車回自己家，花了二十元。

到了家他才後悔，自己為了二十元損失了三十元。

我們笑這個人愚笨，未免也太不會算計了。凡是在業界有所建樹的人都是很會「算計」的，他們在經營過程中，善於用一時的損失和痛苦作代價，換取巨大的市場和利益。這種「算計」就是丟掉了芝麻撿西瓜。他們往往明知不可為而為之，靠的就是比別人看得更寬，想得更全面，更深遠，思想更有深度。

美國人愛德華．法林，看准了美國人希望商品物美價廉，喜歡標新立異的心理，在波士頓市市中心開了一家商店，他的商店有一種特別的經營方法：商品標出價格和首次上貨架的日期，前十二天按照所標價格出售；從第十三天起，按原價的四分之三銷售；再過六天，按原價的一半銷售；再過六天，按原價的四分之一銷售；如果再過六天仍未賣出，商品就送慈善機構。

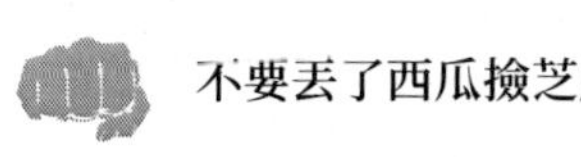

法林的商店能否生意興隆？人們紛紛表示懷疑。很多人說法林傻，如果顧客等到商品價格降到最低時來購買，商店豈不大虧？但法林信心十足，他這樣推測顧客心理：陳列在這裡的商品，都是價格便宜的，自己不買，別人就會買走。事實上，好些商品往往未經再次降價就被人買走。

法林創辦的自動降價商店，不僅著眼於滿足顧客的需要，還著眼於社會宏觀的經濟。他認為，任何企業在順應瞬息萬變的市場需求時，總會有脫節的時候，自動降價銷售對於處理滯銷商品會有很大作用，從而有利於社會再生產的順利進行。

俗話說：「捨得金彈子，打中巧鴛鴦」。這句話是指放棄一些小的利益來換取大的勝利，來達到提高企業信譽，增加盈利的目的。

一位患胃潰瘍的病人，正為沒有錢去醫院治療而發愁，他的一位朋友告訴他，電視上有則廣告說，有一家專治胃潰瘍的診所，為患者提供免費治療。

晚上，那位病人在電視上真的看到了那則廣告，廣告裡說：「你是不是得胃潰瘍了？如果是的話，那麼你現在就該和醫生約定時間前去就診。你如果被確診為胃潰瘍，你將得到免費治療，而且，你每次到這裡治療時，還將得到診所給付的二十五美元的報酬……」

千真萬確的電視廣告，給這位貧困的患者帶來了福音。第二天一早，這位患者就來到電視裡介紹的伍德曼——珀卡爾診所。他看到許多和他一樣慕名而來診治的病人，已坐滿了這間本來就不太寬敞的屋子，兩位戴眼鏡的醫師，正在和藹地詢問著病人的病情，這位患者看到，被確診為患了胃潰瘍的病人，真的從櫃檯小姐那裡領取了二十五美元的報酬。

診所剛剛開張營業，患者便蜂擁而來。按照常理，這樣的賠本買賣，診所豈不注定要關門嗎？原來，診所透過給胃潰瘍病人診治，可以獲得大量可靠的第一手醫療研究資料。利用這些資料，可以爭取儀器與藥物管理局批准製造新產品。藥物實驗室每實驗成一種新藥物，兩位經營者便可以獲利五百萬美元，可見伍德曼——珀卡爾診所確實是捨小取大的大贏家。

這種表面上是損失，其實是賺到了，除了金錢，還賺到了口碑，可謂是一舉兩得。有時候把小錢看得太重，這樣的結果通常是失去的就是大錢。這就要求做人不能夠太小氣，不能把金錢看得太重，當你只盯著眼前這一小部分利益時，其實你已經損失了得到更多利益的機會。

【進取之道】

成功學大師卡耐基（Dale Carnegie）先生有句名言：「太計較小錢的人是賺不到大錢的。」分清芝麻和西瓜，才能明白什麼是應該把握的。

慾壑難填，心滿成災

貪婪是人天性的一部分，每個人都渴望占有，但是如果不把這種天性控制在一個合理的範圍內，貪婪就是一隻罪惡之手，把我們推向絕境。

曾經看過一個關於猴子的寓言故事，讓我看到了貪婪的可怕。

在一個村子裡，村民的大米總是被附近山上的猴子偷吃。農民想了很多方法去捕捉牠們，但是由於牠們的動作太快了，都無濟於事。後來，一個很聰明的人想出了一個辦法。

他把大米放進了一個窄口的瓶子裡，然後把瓶子掛在了樹上。到了晚上，猴子來到樹下，看到瓶子裡的大米，連忙把爪子伸進瓶子去抓大米。由於瓶子是窄口的，猴子的爪子剛好能夠伸進去，等牠抓一把大米後，由於握著拳頭，爪子卻怎麼也抽不出來。而那個瓶子又繫在樹上，使牠無法拖著瓶子走。這時候，只要猴子鬆開緊握著大米的爪子，就能逃脫，但是牠始終不願意放下已到手的大米。

第二天，直到被村民活捉，猴子也沒有放開抓著大米的手。

和猴子相比，人類要聰明多了，但是往往在眼前利益的誘惑下，不能夠瀟灑地放棄手中的利益，結果鑄成大錯，甚至悔恨終生。為了錢財，夫妻離異、兄弟反目；為了升官發財，朋友相殘，同事相害，為了貪欲而自毀前程。僅僅為了一個「財」字，這樣做值得嗎？

在面對利益誘惑時，人就會失去自己的理性。有時人的一生，就毀在了貪婪二字上，很多時候他們不是敗在自己的聰明，而是敗給自己的貪欲。就像是眾所周知的大貪官和珅。

和珅，一生玩弄權術，搜刮民財。嘉慶皇帝即位之後，第一件事情就是懲治和珅，和珅不得已自縊而死，死後還留下一首七言絕句「五十年來夢幻真，今朝撒手謝紅塵。他年水泛含龍日，認取香菸是後身。」可謂是他死前淒涼心情的寫照。和珅自以為聰明一世，卻沒想到自己最後遺臭萬年，被世人稱作「枉勞神」。

如果說是因果報應，不免有些迷信色彩，可是有因必有果是沒有錯的。在貪婪的人面前，金錢就是一個吞噬心靈的妖怪，他會讓你越來越掌控不住自己，越來越迷失本色，然後完全淪陷成金錢的奴隸。那時候，等待你的將不再是榮華富貴，而是自掘墳墓。

除了古代的和珅，現在的社會也不乏這樣的貪官，前幾年就有這樣一個。此人和和珅不一樣的是，他開始的時候並沒有貪念，但是隨著財富的增長，他漸漸控制不住自己對金錢的渴望，此人就是賴昌星。

賴昌星的童年是在貧窮的生活中度過的，家庭貧困讓小學畢業的他就選擇了退學，然後回家務農。後來隨著自己做一些小生意，然後開辦工廠，在一九九一年移民去香港之前他已經有了幾千萬的身家。這些都是靠他自己的努力得來的，可謂是白手起家。

後來賴昌星在香港成立了遠華公司，為了賺更多的錢，他忘記了法律的約束，開始了走私之路。為了在這條路上走的「順利」，他打通了各個層次的關係，送高額的紅包，利用色情錄影要脅官員等等。在賴昌星的辦公室裡一個淺藍色的保險櫃中，常年擺放著一疊一疊隨時可用的現鈔，有人民幣、美元、港幣等等。只要是他認為用得著的人，他可以毫不吝嗇地隨時奉送高額財物。

在賴昌星的事情沒有暴露之前，他走私貨物的總金額高達五百多億人民幣，偷逃稅款超過三百億人民幣。三百多億元啊，如果以一個城鎮的孩子讀完九年制義務教育的學費為四千元計算，這筆鉅款足以讓七百多萬名孩子免費接受九年義務教育。

直到被通緝，賴昌星才後悔。他這樣描述現在的想法：「平平安安過日子就是福，風風雨雨太辛苦，像我這樣的，代價太大。」

賴昌星的事例說明，人僅有聰明是不夠的，還需要用理智駕馭自己的貪欲。電視劇《蝸居》中的宋思明，有房有車有錢有權，能有的他都有了，但最後卻死於金錢。宋思明就是一個不折不扣的貪官，他有學問，也有能力，但是他卻沒能管住自己對金錢的欲望。是啊，金錢能夠帶給他太多東西了，比如女人，比如享受等等。於是他沉迷了，沉迷在金錢帶給他的成就中，也深陷了，深陷在金錢為他設置的陷阱中。

電視機前有很多人為宋思明的死而惋惜，除了貪官以外，他從各方面來講都是一個優秀的人，可是殊不知，人一旦沾惹上了「貪」字，他的靈魂就不再純潔。有時候，我們要問問自己，我們需要的是什麼？我們在追求什麼？當你經過深思熟慮以後，你會發現，你追求的你僅僅是金錢。所以，不要因為一點點的貪念影響了你前進的步伐。

【進取之道】

「貪」字的背後往往就是一個「貧」字，那些自以為擁有財富的人，其實更多的是他們被財富所擁有。如果我們能理智得面對金錢的誘惑，一定會認清那些潛在的危險。

會賺錢，更要會花錢

在中國流傳這樣一句話：「富不過三代」，出現這樣情況的原因與大部分的消費觀念是有很大關係的。中國人大部分都會想：賺了錢要留給下一代。這似乎已經成了一個普遍的模式，所以就導致了父親賺錢致富，兒子花錢顯富，孫子不會賺錢又沒錢花的情況。

很多人辛辛苦苦存錢，為了後代節衣縮食，希望能給後代留下一點財產，其實是真的沒有必要。虎門銷煙的英雄林則徐家中的一副對聯說道：「子孫若如我，留錢做什麼，賢而多財，則損其志；孫不如我，留錢做什麼，愚而多財，益增其過。」這句話的意思就是，留下錢財給子孫，不但不能夠幫助他們什麼，反而會讓他們放棄了努力、放棄了自己的追求。

想一想我們賺錢是為了什麼呢？錢只不過是我們用來購買自己所需的一種手段，如果你賺了卻不花，那錢也就失去了它存在的意義。我曾問一個在中國待了十二年的澳洲人，中國人在他眼裡是什麼樣的，他說：「中國人不捨得花錢，最好什麼都免費的，而且中國人很喜歡存錢，可是存錢並不是一件好事。」

仔細想想，他的話不是完全不對，至少只知道存錢並不是一件好事。阿里巴巴集團的 CEO 馬雲就不贊成他的員工把錢都存到銀行。

馬雲在他對全體員工加薪的內部郵件中強調道：「去花錢！！去消費！！！」。一連用了五個驚嘆號，著實讓業界吃了一驚。

馬雲其實是想透過自己的號召，讓年輕人記住，不要按照你的收入來過日子，這樣能使你自信！想像你現在穿著你喜歡的衣服，喜歡的鞋，拎著自己喜歡的包，是什麼感覺？那種自信是不言而喻的。而自信帶來的價值就是你的能力成倍的增加。自信，可以讓一個人更樂於與人交往，更樂於表現自己，進而有更好的心態，有更好的外在積極的環境，進而就會有更多人願意與你交往，自然機會也就會更多，只是把錢都存入銀行無法帶給你的。

仔細想一想，確實是如此，很多東西，不是因為買不起，是因為我們不捨得。這和我們從小接受的教育有很大的關係，我們從小就被灌輸了「節儉」的概念，總想著等賺了更多的錢再來買。但是面對現在經濟社會的發展迅速，人們的意識也應該改變了，想到的不應該是去怎樣存錢，而是怎樣賺更多的錢讓自己去花。改掉以前捨不得花錢的習慣，以「如何做才能賺到錢實現你的欲望」的思考來思考問題。只要不浪費，所有花的錢都是合理的。

為什麼富人那麼能花錢，卻越花越有錢？而窮人不管怎麼努力存錢，還是越存越少？這就是觀念上的區別，富人想的是如何才能賺到錢，而不是想：有錢了之後才怎麼樣。就這一個差距，使得富人的賺錢的點子、方法越來越多，而這些都是伴隨著自己的欲望、自己的野心而成長著，迅速調整自己的工作，調整自己的事業，進而來把自己喜歡的東西買到，進而過著令人羨慕的生活。

曾任香港財爺的梁錦松老先生就說過：「你花掉的錢才真正是你的錢。你花不到的，都不過是別人的錢。」

在現今社會經濟環境中，學會花錢已經成為一種潮流。甚至有人把花錢說是每個人必須學會的一門「藝術」。既然是「藝術」就不是毫無章法的花錢，而是有一定尺度地花。「學會花錢」不是揮霍無度，花天酒地；也不是視金錢為唯一的生活動力，唯利是圖；更不能把錢單純看成消費的工具，而忽視了它是血汗的結晶，否定了它暗含的情感價值。我們應提倡一種時尚的消費方式，一種向上的生活追求，這才是智慧的體現。

從另一個的角度來講，如果把錢存在銀行，那就讓銀行將你的錢拿去貸給其他人，這時候，別人就會用你的錢去尋找便利與快樂，你就暫時放棄了你的權利。相反，每當你花掉一分錢，你也會體會到一分錢給你帶來的便利與快樂，同時，也為國家GDP的增長起到了一分錢的作用。是花錢給自己快樂，還是存錢讓比人快樂，現在你應該有答案了吧！

【進取之道】

只會賺錢，而不會花錢，就會成為賺錢的機器；只會花錢而不會賺錢的人，就成為了廢物，只有兩者相結合，才能順應時代的發展。

金子不能種在地下

忘記了是哪一年的春節晚會上，在小品中，一個人趁他老婆不注意時，把錢藏在了花盆裡。碰巧一個人過來買花盆，然後挑中了他藏錢的那個花盆，接著就發現了花盆中藏的錢。戲劇性的一幕就出現了，這個人為了不讓老婆懷疑他藏錢，就說他們家的花盆會生錢，而那個傻傻的顧客居然相信了。他們的表演引起了台下觀眾一陣又一陣的笑聲。

我們都知道，這只是博取笑聲的表演，思想正常的人都會明白，埋在土裡的錢是不可能生出錢來的。同樣的道理，把錢存起來也不可能生出錢來。

有一個財主，在賺了很多錢後，就開始擔心自己錢財被人盜去。為了確保自己的財產不會丟失，他想到了一個辦法，就是把所有值錢的東西都賣了，用得到的錢買了一塊大金子，然後就在自家後面的山上挖了一個坑，為了不讓別人知道，他自己搬著那塊大金子上了後山，費了九牛二虎之力，終於將金子埋在了裡面。

儘管是這樣，他仍然不放心，每天都要去看一看，看到金子還在他就放心地回家去。他的行為引起了家中一個長工的注意。當他再次去後山時，這個長工就悄悄地尾隨在他的身後，發現了財主的祕密。當天夜裡，當財主睡後，長工就簡單得收拾了自己的行李，然後扛著鋤頭來到了後山，挖出了金子，然後帶著金子遠走高飛了。

次日，當財主再來到後山時，發現自己的金子不見了，急得大哭起來。這時一個老者從這裡路過，弄清了事情的原委後，說道：「你撿塊石頭放進坑裡，就把它當作是金子就行了。」「那怎麼能一樣呢？」財主以為這個人在戲弄他，生氣地回答道。「既然你不用它，那麼金子和石頭對你來說都是一樣的。」這時，財主無言以對了。

當然，石頭和金子還是有區別的，金子能夠購買商品，而石頭卻不能。但是如果同樣都是埋在土裡的話，那麼就沒有什麼不同了。

你想一想自己的錢放在什麼地方了？家裡的抽屜裡？保險箱裡？銀行裡？放在這些地方，和埋在土裡是沒有任何區別的。在中國的「窮人」當中，自己在銀行的存款數占到了自己財富的百分之八十以上。而對於富人呢？他們銀行裡的存款占到自己的財富百分之一都不到，而這些錢也就是為了自己近一段時間花費的開銷，其他的錢，絕對不會放在銀行裡，不但不會，反而會想方設法從銀行裡貸款出去周轉。

著名的猶太金融家摩根說：「金錢對我來說並不重要，而賺錢的過程，即不斷地接受挑戰才是樂趣，不是要錢，而是賺錢，看著錢滾錢才是有意義的。」同樣的，比爾．蓋茲（Bill Gates）也認為，賺錢的過程比錢本身更讓人激動，賺多少並在不重要，重要的是過程。

摩根和比爾．蓋茲的話體現出了富人和普通人的區別，我們往往重視的是錢的本身，總是抱怨自己沒錢的同時，卻沒想過，自己對待金錢的態度上就是錯誤的，又怎麼能讓自己賺更多的錢呢？就如同水在流動中才是有用的水，財富也必須在流動中才是真正的財富。而靜止的財富不但隨時會消失，而且不會給我們帶來任何的好處。只有讓錢動起來才能獲得更多的財富，這樣的概念，股神巴菲特（Warren Edward Buffett）從小就具備了。

從巴菲特六歲起，他開始夢想賺錢，並且把自己的收入存起來。當他看到一美元時，他知道透過投資最終會成為十美元。十二歲時，用自己所存的錢一百一十四美元，與姐姐桃莉絲合夥各買了三股股票，後來以每股四十美元賣出，小賺了一筆。十四歲，他透過送報賺到的錢已經足夠繳稅了，他扣除了手錶和自行車這些營業費用，只剩下了不過只有七美元。十五歲的時候，他把賺取的一千兩百美元投資到一塊四百英畝的農場上。將打工積累的一點資金用來開了家小店，小店的生意不錯，他又開了一家小公司。他精心呵護著自己的經歷，呵護著自己的小公司，三年後，小公司變成了大公司。

他說：「人生就像滾雪球。重要的是要找到濕的雪，和夠長的山坡。也就是說當你確定投資目標時，要找到夠好的投資機會並把握原則，財富就能像滾雪球一樣越滾越大。」巴菲特也是以此創造出百億美元身價。

由此可見，如果躺著金錢睡大覺，是不會給我們帶來任何增值的人。社會經濟的飛速發展，把錢存起來已經不是一種保值的方式了，想靠存錢發財是不可能的，只有把錢拿出來去投資，才能賺更多的錢。

【進取之道】

財富一旦靜止，那就是在等死。這不但是在尋死，而且在尋死的過程中，並不會給我們帶來任何的好處。

最好的理財方式是自我提升

生活中，每個人都離不開理財，俗話說：吃不窮，穿不窮，不會算計就會窮。當人有了錢時，會想到要投資，可是投資什麼好呢？這是大多數人在考慮的一個問題。有的人選擇了買基金、買股票，有的人選擇了買保險，還有的人選擇了炒房，囤糧等等以一系列可以讓金錢再生金錢的方法。

其實，我認為最好的理財方式就是——投資自己，投資自己的外在和內在。比如，一個懂得投資自己的人，當他賺錢時，他會給自己買車，買名牌，這是一種形象投資，在形象上給自己提升一個檔次，這將意味著他接觸的人群，會因此而提升檔次；還有就是給自己內在提升，內在就是指自己的知識、見識、專業等等一系列可以讓人更有底氣的東西。

相比較而言，內在比外在更為重要一些，內在是一塊華麗的錦緞，而外在是錦緞上的花，你首先要有了這塊華麗的錦緞，才能往上面添花。這一點，透過一個很普遍的社會現象就能顯示出來。

縱觀當今社會，你會發現，生活地最艱難的大部分人都是擁有高中學歷及其以下的人，他們大都只能打工兼職，從事一些簡單勞動。當然，與他們對財富創造的貢獻率相適應，他們也就只能獲得生存的權力，只能獲得較低的報酬。一般情況下，他們的月收入在一千元左右，只夠自己勉強地生存。

而擁有大學學歷以及以上的人，從起點上就要比高中畢業的高，首先他們大部分出入的是辦公大樓，坐的是辦公室，基本工資至少要高出一千元左右。這就說明了一個問題，自身的價值和你賺多少錢是成正比的。你自身的價值越高，你的賺錢能力就越強，當你開始停止對自身價值的提升時，你所獲得的金錢數，也就到此為止了。

也許你會說，現在能力比學歷重要，確實如此，可是你的能力從何而來呢？還不是你透過學習得來的嗎？這就是為什麼愛因斯坦（Albert Einstein）在上學的時候還被老師說是「白癡」，可是他卻成了發明家。原因就是他雖然脫離了學校，可是他並沒有放棄充實自己的知識。這就說明了，自我提升很重要。教育機構新東方的創始人俞洪敏，用他自己的經歷向我們說明了這一點。

在俞洪敏的少年時期，沒有人看得出他身上具備任何成功的潛質，甚至連他考上大學，都被人認為是靠運氣。

然而隨著他對自己的不斷的提高要求，他讓新東方從無到有，從國內市場走向了國際。在創辦新東方之前，俞洪敏是個打工的人，當他發現大量培訓學校對學生的態度、管理和理念上有缺陷後，他就想：如果換作是我，我該怎麼管。

觀察了一段時間後，他就準備親自去嘗試了。然後，作為一個教師，創辦一個學校所要面臨的問題，是他以自己現有的能力無法解決的。於是他就在摸索中，不斷地提升自己的能力。從與政府各界打交道開始，不管是警局，還是衛生部，他都琢磨出一套與他們相處的門道，此時，他就由一個教師轉變成一個老闆了。

他的付出得到了回報，當新東方的學生已經有兩萬人的時候，他意識到自己的團隊是擴大的時候了。於是他專程去了趟美國，請回了王強、徐小平等人。這時，他面臨地不再是教書、交際，還有更重要的一點就是管理。為了管理好這支團隊，他閱讀大量了管理相關書籍，完成了在思想上和領導能力等方面的轉型。

新東方從一個一開始只有十三個學員的學校，搖身一變為國內最大的英語培訓機構，隨著業務的不斷擴大，所取得的財富也跟著增加。而這些都要歸功於俞洪敏不斷地充實自己，讓自己完成了從教師到校長，再到管理者，最後成為上市公司的總經理的逐步轉變。

這樣的例子並不在少數，除了俞洪敏之外，細數那些成功的企業家，無一不是依靠不斷地提升自我的價值，來獲取更多的財富。如果你想獲得更多的財富，那就首先把自己想像成一塊缺水的海綿，不斷地吸取水分，讓自己膨脹起來，充實起來吧。

【進取之道】

人生應該如蠟燭一樣，從頂燃到底，一直都是光明的。只有不斷地自我提升才能讓你不停地燃燒，從而發出光芒，否則你面臨的是就是自我毀滅。

聰明才智是財富的「保險箱」

一個人的伯父送給他一隻勞力士手錶，他認為這隻手錶很昂貴，時時擔心弄丟，所以經常為此失眠。後來，他的朋友告訴他，這塊手錶是仿冒品，他一下子輕鬆過來。

我們常常就和這個年輕人一樣，被財富所困擾，怎樣才能讓守住我們的財富？我想這是每一個都會想到的問題，沒有願意看著自己辛苦賺來的錢付之東流。於是，有人買了鎖，把錢鎖在櫃子裡，有人把錢放進銀行裡，有人甚至在自己的家裡裝上保險箱、防盜窗……然而，這些都不能夠守住你的財富，鎖會被人撬開，銀行有可能會倒閉，看過《寶貝計畫》中成龍的演出，你就會知道保險箱也不保險。其實，真正能夠讓你財富保值的東西只有一樣，那就是你的聰明才智，聰明才智是自己的，別人偷不走，也搶不去。只要你還擁有聰明才智，即便是千金散盡，也有還復來的時候。

人們都說猶太人是天生的商人，在猶太人中，流傳著這樣一個故事：

一個聰明且善良的小孩被天使選中，天使問他：「孩子，你知道你為什麼被天使選中嗎？」

「不知道。」

「因為你是一個聰明而又善良的小孩。」天使回答到。

「聰明和善良的人就可以做天使嗎？」小孩兒天真地問道。

「是的，因為在他們的字典裡沒有財富和金錢的字眼，只有智慧。」

「智慧和金錢，哪一樣更重要？」孩子又問道。

「當然是智慧更重要。智慧創造金錢，而金錢卻不能創造智慧；智慧是主動的，而金錢是被動的。」

除此之外，猶太人同時還認同《塔木德》中這樣的教誨：「僅僅知道不停地做工顯然是不夠的。」他們在孩子小的時候就會教育：要用智慧賺錢，當別人說一加一等於二的時候，你應該想到如何大於三。麥考爾公司的董事長，就是在這樣的思想下成就自己的事業的。

當他還是一個小男孩的時候，他父親問他一磅銅的價格是多少？他答：「三十五美分。」父親說：「對，整個德克薩斯州都知道每磅銅的價格是三十五美分，但作為猶太人的兒子，應該說成是三點五美元，你試著把一磅銅做成門把看看。」二十年後，父親死了，他獨自經營銅器店。他做過銅鼓，做過瑞士鐘錶上的簧片，做過奧運會的獎牌，他曾把一磅銅賣到三千五百美元。

所以說，智慧比金錢更重要。我們許多人用體力賺錢，不少人用技術賺錢，很少人用知識賺錢，極少人是用智慧賺錢的。在經濟社會，人們常常只看重自己能賺多少錢，所以智慧的人太少太少，有智慧又能抓住商機的人更是少之又少。多賺錢，並不僅僅依靠勤奮，並不完全依靠天賦，還要依靠勤於動腦。只要你勤於動腦，相信靈光、見識、慧眼會助你更上一層樓，讓你產生意想不到的巨大的收益與回報。只要我們肯動腦筋，發揮智慧，就可以把握機會，成為財富的主人。

一個出版商因為一次投資的失敗，面臨著破產。這時候，他忽然想到在自己的倉庫裡面還存放著一批滯銷的書。如果想辦法把這些書賣出去，那麼我不是就有錢了嗎？出版商為自己想到這個辦法而開心不已。可是怎麼賣出去呢？經過了幾天的冥思苦想，出版商終於想到辦法了。

次日，出版商命助理把這些書給當紅的明星送去一本。並吩咐助理隔幾天就去問問明星這本書怎麼樣。忙於演藝事業的明星根本沒有時間看這本書，為了使他不再糾纏，只好說了句：「這本書不錯。」出版商知道後，就給此書大做廣告：「這是一本令某某明星拍案叫絕的書。」於是這本書很快就被銷售一空。

出版商用賺到的錢度過了自己的危機。沒過多久，他又碰到一批滯銷的書，於是他又照上一次的方法，又派人給當紅明星送去一本書，並不停地去詢問。這一次，這個明星說道：「這是一本非常糟糕的書。」出版商聽了，再次做廣告：「這裡有一本某某明星非常討厭的書。」這樣的廣告引起了人們的好奇，於是沒過幾日，這本書又被搶購一空。

第三次，為了銷售出滯銷的書，出版商再一次把書送給了當紅明星。這一次，這個明星沒有說一句話。但是這並沒有難倒出版商，出版商繼續大做廣告：「這是一本讓某某明星啞口無言的書。」結果和前兩次一樣，又被搶購一空。

沒有智慧，再多的錢也不可能永遠握在你的手中，就像出版商一樣，走入了困境，能救他的只有靠自己的聰明才智。

鋼鐵大王卡內基（Andrew Carnegie）曾聲稱：「你可以把我所有的工廠、資金、設備和市場統統拿去。只要保留我的核心人員。過四年我又是一個鋼鐵大王。」核心人員是什麼？核心人員就象徵著聰明才智。卡內基之所以能成為「鋼鐵大王」，靠的並不是硬體，而是人才的智慧。可見，聰明才智看似虛無縹緲的東西，卻比真正的財富更有用。真正的的能人是智者，在經濟生活中智慧才是財富的源泉。

【進取之道】

智慧，可以守住你的財富，還可以讓你締造財富。用智慧創造財富，成為億萬富豪，超越世界首富，一切皆有可能！

賺錢，要適可而止

世界上的財富多不勝數，如果你想把錢全部都賺入自己的口袋，就算給上你幾輩子的時間，你也賺不完。太過於貪心的人，總是想賺更多的錢，其實，當你的錢達到飽和的程度時，再多的錢對於你來說，就是一種負擔了，所以，賺錢要適可而止，否則，你的結果很可能是一無所獲。有這樣一個故事：

有一個老漢，他的妻子很早就死了，他獨自一人撫養兒子長大。兒子長大後很仍然

不願意自食其力，老漢只好依靠上山採藥為生。一天他走累了山路，在一條小溪旁休息。當他捧起溪水準備解渴時，發現溪水中的岩石上有著一個雞蛋大小的淺坑，而那個淺坑中填滿了金燦燦的金砂。

老漢高興不已，小心翼翼地捧走了金砂。過了一段時間，老漢再次從這裡經過，發現錢坑裡又填滿了金砂。這次老漢心中是一陣狂喜，因為之後他再也不用靠辛苦採藥來過活了。從此，每隔十天半個月的，老漢就上山來取一次金砂。沒過多久，日子就富裕起來了。

老漢的兒子發現了端倪，便問父親怎麼回事。雖然他不孝順，但畢竟是自己的兒子，老漢就悄悄地告訴了兒子，兒子聽後埋怨父親為什麼不早點告訴他，錯過這樣一條致富之路。兒子推斷金砂是山泉從山上流下來的時候帶下來的，要是能夠擴大山泉，不就能沖下來更多的金子嗎？

老漢勸兒子不能太貪心，但是兒子沒有聽他的。第二天這個兒子就扛著鋤頭上山了，把溪水兩邊的石頭鑿開，山泉比之前擴大了好幾倍。然後就坐在溪邊，等著更多的金子被沖下來，結果沒想到金砂不但沒有增多，反而全部不見了，一連幾天都是如此。

直到這個兒子變成了和老漢一樣的歲數。他也沒有想明白金砂到底去了哪裡？

自作聰明的兒子以為擴大山泉能夠得到更多的金子，卻沒想到，山泉把金子都沖走了。賺錢就像我們吃飯一樣，再好吃的飯，如果不停地吃，後果就是撐破我們的胃。當你想靠一樣東西賺錢的時候，一定要懂得適可而止，我曾看過一個流浪漢的故事，他的貪婪讓他失去了發財的機會。

一個流浪漢整日流浪於街頭，做著發財的白日夢。一天，流浪漢在街邊發現了一隻可愛的小狗，見四下無人，流浪漢就把這隻小狗拴了起來。他想等自己實在找不到飯吃的時候，就把小狗宰了充飢。

令流浪漢想不到的是，這隻小狗的主人是一個十分富有的人。富人丟了小狗，十分著急，因為這是一直血統純正的名犬。於是他到處張貼尋狗啟事：撿到小狗歸還者，將重重酬謝，獎金兩萬元。

流浪漢看到這則啟事後，一陣狂喜，兩萬元啊，夠他吃幾頓大餐了。於是便連忙回去把小狗抱起，準備送還給主人。當他再次經過那則啟事後，發現啟事上的酬金已經變成了三萬元。流浪漢簡直不敢相信自己的眼睛。於是他改變注意，又把小狗拴了回去。他想，小狗的主人肯花重金尋找小狗，這隻狗一定價格不菲，所以一定還會把獎金再次提高的，他慶幸自己沒有把小狗吃掉。

果然，第三天的時候，獎金變成了四萬元。流浪漢按捺著激動的心情，繼續等。一個星期過去了，獎金的數目已經達到了令所有人咂舌的地步。流浪漢覺得是時候了，可

是當他回到住處時，才發現小狗已經因為沒有名貴的狗糧吃而餓死了。

最後，流浪漢還是那個只能靠做白如夢來度日的流浪漢。

如果流浪漢不貪心，他可能早已經獲得一大筆獎金了。只是他偏偏希望能夠得到更多的錢，結果成了竹籃打水一場空。

這樣的道理就像是，吃著碗裡的，望著鍋裡的，最終的結果就是你哪個也沒吃好。金錢所散發出的誘惑，常常與手頭擁有的數目直接成正比，你擁有的越多，你想得到的也就越多。不要成為金錢的奴隸，賺到了錢見好就收，其餘的錢可以再賺，這樣賺錢也會比較輕鬆，財富也會水漲船高。

【進取之道】

美好的生活必不可少的是財富的數目，財富數目是沒有限制的，但是富有和財富沒有限制，一旦你進入物質財富領域，仍然很容易迷失你的方向。

金錢並非人類唯一的財富

有人說：健康好比數字一，事業、家庭、地位、錢財是一後面的〇，有了一，後面的〇越多越富有，反之，沒有了一，則一切皆無。可有時候，人們往往都會忽略到前面那個一，然後拚命地去追求一後面的N個○，到頭來，才發現自己沒有前面一做支撐，後面的○再多也沒有任何意義了。

當你認為自己一無所有的時候，其實你還擁有許多，比如健全的四肢、年輕的生命等等。

有位老人在經過河邊的時候，看見一個年輕人坐在岸邊悶悶不樂的樣子。老人便走過去問：「年輕人，你有什麼煩惱嗎？」

「因為我太窮了，沒有錢買車買房，所以也沒有女孩願意嫁給我。」年輕人懊惱地說。

老人聽了，說：「怎麼會呢？在我眼裡，你很富有啊。」

年輕人不解地問道：「富有？我怎麼不知道呢？」

「那我給你一萬元，你把你的胳膊賣給我吧。」老人沒有直接回答年輕人的問題，而是發問道。

「不行。」年輕人回答道。

「那我出十萬元，你願意把腿賣給我嗎？」老人繼續問道。

「不願意。」年輕人肯定地回答道。

「那要是給你一百萬，讓你變成七十歲的老人呢？」「不願意！」

「那給你一千萬，讓你身患癌症呢？」「當然不願意了。」「難道你還不富有嗎？你已經擁有了超過一千萬的財富了。為什麼還要說自己窮呢？」說完，老人露出了他的胳膊和腿，年輕人一看，原來老人裝著義肢。然後老人又指指自己的胃說道：「這裡已經長滿了癌細胞。我縱使擁有千萬的財產，可是在我眼中，你比我富有啊！」

只有失去了健康的人才會知道健康有多重要，就像文中的老人一樣，只是這時已經晚了。有了健康的身體，我們就有力量去賺更多的錢；如果沒有一個健康的身體，那麼賺再多的錢，我們又拿什麼去享受呢？所以不要把金錢看作是人生唯一的財富，健康遠比金錢重要得多，毛澤東曾說過：「身體是革命的本錢。」是啊，只有一個健康的身體，才是財富的根本，是根基。可是有的人，卻常常捨掉自己的健康去追求更多的金錢。

尤其是在商場上，為了取得一筆生意，有人常常把自己的健康置之度外，等到後悔的時候才發現為時已晚。

前幾天去醫院遇到這樣一個病人，這個病人是肝癌晚期。據說是一位擁有幾千萬元財產的小老闆，住院期間，每天都有親朋好友來看他，他說的最多一句話：「我太忽視健康了，現在後悔也沒用了。」聽說他原來身體很健康，自從進業界打拚，身體就一天不如一天。他從幾萬元起家，一路打拚，使自己的財富積累到幾十、幾百萬元，直至現在的幾千萬元財產。而這些，都是以他的健康為代價的。一次為了與他人簽訂合約，在酒席桌上，對方激他喝酒，桌上擺了三大杯高濃度的白酒。對方經理說：「簽合約可以，你得表現出你的誠意，喝了這三杯酒，我們就簽合約。」為了生意，他眉頭都沒有皺一下，端起酒杯，一口氣喝下足有七、八兩的白酒，這類事情，發生過不止一次兩次。

在對他的病情深表同情以外，我更認為，他不懂得什麼才是真正的財富。其實，在人們眼中的財富並不是真正的財富。我們所追求的金錢，房子，車子，地位等等一切可以顯示我們財富的東西，不過是在我們手中「暫時保管」。為什麼這樣說呢？因為這些東西生帶不來，死又帶不走。你來到這個世界上的時候，它不會因為你的到來而高興，你離開這個世界的時候，它不會因為你的離去而傷心。

聰明的人，會把金錢看作是身外之物，不會因得到了它而欣喜，也不會因為失去了它而苦惱，因為它並不是人生唯一的財富。我們確實生活在一個激烈競爭的時代，這個時代給奮鬥者提供了廣闊的天地。於是有些人在「用青春賭明天」、「用健康賭明天」，而賭贏了之後要是沒有了健康，那才是徹底輸了呢！因為資本已經輸光了，還有贏的可能嗎？

【進取之道】

當天秤的兩端分別放著金錢與健康時，請你先把砝碼加在健康這一端，然後再為了尋求平衡去追加金錢的砝碼，千萬不能顛倒過來，否則就會失衡。

君子愛財，取之有道

在這個世界上除非聖人，任何人都不會達到視金錢如糞土的至高境界，因為金錢可以帶給我們生活的幸福和享受的資本，在人類開始享受物質生活的時候，恐怕金錢已經成為炙手可熱的熱門商品了，所以每個人都在為賺錢而努力著，賺錢的方法有很多，但是怎麼賺卻是一種智慧。

華人賺錢，講究一個「道」字，自古流傳下來的做事原則就是從仁義出發，追求正當利潤，絕不發不義之財。所謂君子愛財，取之有道，這是儒家思想對如何做人所持的基本態度，經過千百年的流傳，早已成為中國人做事所遵循的美德，並上升為做人做事的一個原則。

《大學》裡有一段話，意思是說：財富這東西，只要有德望，它就自然會聚集到你身邊來。德是本，財是末，財不聚集，是可恥的事，聚集後不知散財，也是可恥的事。有的人不明此理，所以往往不擇手段聚財，最後東窗事發鋃鐺入獄，最終也未和財神爺結緣。聰明的人才知「德是根本，財是末端」的道理，因此不管貧富都能悠然度日，在任何境況下都能以一顆平常心對待，有如此道德境界的人，也許他就能做出一番大事業。不知大家是否聽說過有「五金大王」之稱的葉澄衷。他做生意很有天賦，頭腦清醒，為人處事既誠且信，寬厚待人，被稱為「首善之人」。

年輕時候的葉澄衷十分貧窮，他只能靠在黃浦江上搖木船載人渡江或是賣食品和日用雜貨為生。一天中午，一位英國人雇葉澄衷的小船從小東門擺渡到浦東楊家渡。也許是有急事，船剛靠岸那個英國人便匆忙離去，連自己的公事包都忘記了拿。葉澄衷發現後，打開一看，包內不僅有數千元美金，還有鑽石戒指、手錶、支票本等許多值錢的物品。葉澄衷從沒見過這麼多的錢和這麼值錢的東西！對於生活窘迫的他來說，這筆錢可以讓他無憂無慮地過一陣子了。然而，他沒有像見錢眼開的小人那樣感到驚喜，他首先想到公事包不見的洋人不知該有多著急。於是，他沒有再載別的顧客，也沒有回家，就在原處等候那位英國人。

眼看著天就黑了，葉澄衷餓得飢腸轆轆，那位英國人才終於一臉沮喪地來到這裡。看樣子他已經尋找了大半天，對公事包失而復得不抱很大希望。但他萬萬沒有想到的是，自己的包竟然會在舢舨上，更沒有想到這個中國船工還一直在等著自己。

當英國人打開自己的包，見原物絲毫未動，不禁大為感動，為了表達自己的感謝之情，英國人立即抽出一把美鈔塞到葉澄衷的手中。誰知葉澄衷堅決不肯要，開船就要離去。這位英國人見狀，又立即跳上小船，讓葉澄衷送他到外灘。船靠岸後，英國人把葉澄衷拉到了自己的公司。原來，這位英國人是一家五金公司的老闆，見葉澄衷為人厚道，心中十分佩服，便想與葉澄衷合夥做生意。這一回，葉澄衷愉快地答應了。

忘記了是誰說過：「給我一個支點，我就能撐起整個地球。」葉澄衷就是這樣有魄力的人，他利用這次機會成就了自己的事業。在日後的經營中，他一如既往地秉持「君子愛財，取之有道」的德性，贏得了消費者的信賴，成為遠近聞名的「五金大王」。

當然「君子愛財，取之有道」不僅僅局限於拾金不昧。它也包括所有人的錢都必須來得正當，必須是正當利潤。然而有的人則不同，他們反其道而行，無德無良，只要能弄到錢，就不怕做小人。有的當權者以權謀私，中飽私囊；有的經商者以次充好、以假亂真……凡此種種，無一不是喪失良知的表現，自然，也肯定會受到道德的譴責和法律的制裁。

愛財並無過，金錢是我們辦事情的基礎需要，這個道理人人都懂。但是在我們取得財富之前，我們一定要想一想，自己做的這件事有沒有偏離道德範疇。如果有，哪怕一點點都不要去做。賺錢時心裡乾淨，花錢時心裡才能清靜。要知道，人在誠實時心才會正，才會讓自己的一切獲利手法符合道德規範的約束，使自己養成遵守道德規範的習慣，並了解自己行為中涉及的種種道德問題。

【進取之道】

賺錢的道路很多，但也只分為「正道」和「邪道」，你選擇了正道，努力奮鬥，總有一天會你的財富會積累的愈來愈多；選擇邪道走下去，就是一步步邁向黑暗的沼澤地。

金錢是生存手段，快樂是人生目標

我們每天忙忙碌碌，為的就是一個「錢」字，似乎活著就是為了賺錢，因為只有賺了錢才能更好地活著。可是當你真正有了錢時，你就會感到快樂嗎？在你追求金錢的過程當中，你又失去了多少東西呢？

金錢是生活的保障，我們的衣食住行，都要依靠金錢來支撐。但是，請你不要忘記了，在這個過程中，金錢只是我們賴以生存的一個手段，而不是我們的最終目的，我們所追求的是快樂的生活，而金錢只在這裡面充當了一個很小的角色。比爾．蓋茲（Bill Gates）擁有很多錢，但是他快樂的源泉並不是金錢。

比爾．蓋茲只用了十三年的時間就累積了富可敵國的資產。也許在別人的眼中，他是無所不能的，只要他想要的都可以用錢買得到。但是比爾．蓋茲卻說：「等你有了一億美元的時候，你就明白，金錢不過是一種符號，簡直毫無意義。」

在近五年的時間裡，比爾．蓋茲和他妻子一共向社會捐助了高達十億美元。在比爾．蓋茲的眼中，他看到了比金錢更有意義的事情，那就是幫助別人給自己帶來的快樂。假如你把金錢擺在了第一位，那麼你所有的煩惱，都會和金錢有關。對待金錢的態度，是一門生活藝術，每個人都願意過快樂的人生，但大多數又把快樂和金錢拴在了一起，其實，金錢的多少和快樂並沒有多大關係。

就像比爾．蓋茲說的，金錢不過是一種符號。當你成為了「金錢至上」的人時，再多的錢也不能滿足你的需求，這將成為你一切煩惱的根源。

一個百萬富翁成為一個千萬富翁時，他感到的不是快樂，而是更多的憂鬱。為什麼呢？他在後悔由於自己的失誤而失去的幾樁大生意，否則他已經成為億萬富翁了；他在擔心自己的兒子能不能守住這份家業，會不會犯他曾經犯過的錯誤。他會因為這些，整日惶恐不安。

後來，由於過度的精神緊張，他患上了「人群恐懼症」，當一個人站在人來人往的人群中，他就會感到害怕。醫生對此也感到無可奈何。而最終醫好他的，卻是一個乞丐。那日，當這個富翁開車經過廣場時，他看到了一個乞丐笑著跟行人乞討，儘管衣衫襤褸，蓬頭垢面，但是他的笑容在陽光下卻刺痛了富翁的眼睛，為什麼一個乞丐貧窮至此卻如此快樂？為什麼我擁有千萬家產，卻買不到一絲快樂？

於是，這個富翁從自己的豪車下來，走向乞丐，並遞給他一張百元大鈔。乞丐笑容滿面地接過去，連聲說著「謝謝」。「你快樂嗎？」富翁看著乞丐的笑臉問道。

乞丐聽了毫不猶豫地點了點頭。富翁不解：「你為什麼快樂？」

乞丐說：「因為今天，有幸遇到了你這麼一個好心人，所以我今天很快樂。而明天，也許還會遇到一個像你這樣的好心人，所以我明天也是快樂的！」

富翁聽了，頓時恍然大悟。原來自己的不快樂不是因為自己擁有不夠多的錢，而是因為自己擁有太多的錢。

確實，有錢不是一件壞事。有了錢，我們去買自己喜歡的東西；可以去唱 KTV，可以去夜店；可以去周遊世界；可以做很多讓我們能夠開心的事情。但是，當你把錢當作是人生目標時，那你的這些快樂就會消失了，因為你已經忘記了享受。

金錢的多少，不一定意味著快樂的多少。不一定有很高的物質水準人就會快樂，衣服只要穿出自己的品味，一樣可以引來別人豔羨的目光，一樣可以從中得到快樂；同樣，當你一個坐在街邊，站在山頭，躲在被窩裡唱著歌時，同樣可以獲得快樂。這樣的快樂，是你花很少錢，甚至不花錢就可以得來的。這才是你應該追尋的最終目標。

【進取之道】

當你面對透支一空的快樂時，即使你付出你所擁有的財富的一百倍，恐怕也難以挽回了。聰明人只會讓金錢成為他們得到快樂的手段，而不是成為他們生活的累贅。

第四章　職場，跳出平庸的陷阱

尊重我的工作、我的同事和我自己。待之以真誠和公正，因為我也希望他們會這樣對待我。在你的事業中，做一個一言九鼎的人；做一個支持者而不是一個吹毛求疵者；做一個推動者而不是一個抱怨者；做一個馬達而不是一個障礙。

工作不只是保住飯碗

在動物的世界裡弱肉強食，是他們生存的規則，為了填飽肚子而捕殺食物是他們的工作。

獵豹，是世界上跑的最快的動物，一隻成年的獵豹能夠在幾秒內達到每小時一百公里。每當太陽從地平線上升起，草原上的獵豹就開始尋覓它們的食物，從斑馬到羚羊，在攻擊這些動物的過程中，獵豹也在不斷地提高著自己奔跑的速度。

剛開始的時候，獵豹也許只能捉到野兔，後來隨著牠要獵捕對象的奔跑速度不斷提升，獵豹為了得到這些食物，只能不斷的提高著自己的速度。只有這樣他才不會被餓死。

動物世界裡的競爭都如此殘酷，人類的世界就更不能小覷了。社會是發展的，每個企業是發展的。在如今這種日趨激烈的競爭環境下，每個企業需要的都是像獵豹一樣的員工，而不是一個會做事的機器，他更需要的是自己員工的素養和能力不斷地提升，這樣才能更好得促進企業本身的發展。所以，想要在職場中生存，並實現自己的事業目標，就應該向獵豹學習，挑戰高難度的問題，主動挖掘自己的潛能，這樣才能逐漸提高自己的能力，實現自己的目標，從而在職場立於不敗之地。

前段時間朋友約我出去喝茶，到了茶館，他已經坐在那裡了，一副憂心忡忡的樣子。一問，原來是他失業了。確實很可惜，那麼好的企業，那麼好的待遇，失去了確實夠讓人苦惱。

我問他到底犯多大的錯誤，公司才不要他的。他聽了一副很委屈的樣子，「我這麼老實的人，能犯什麼錯誤啊？我循規蹈矩的過每一天，按時完成任務，上頭開會，我有意見都不敢亂發言，就怕丟了這份工作。哎……結果還是丟了。」「是不是因為你的專業水準不夠啊？」我不甘心地問著。「不會的，當年他們招聘的是專科學歷，我是大學畢業生，我沒覺得屈就就不錯了。」沒有犯錯，專業也達標，那究竟是什麼原因讓他就這樣被辭掉了？

最後他百思不得其解的告訴我說，是因為老闆覺得他對工作沒有積極性，完全像是在應付。所以才辭退了他。

大概我的朋友一直沒有意識到自己身上所存在的問題，所以才會懊惱自己被辭退。在職場中，不乏有像我朋友這樣的人，他們認為：想要保住工作，就要熟悉一切，就得用自己所習慣的方法去處理工作上問題，不可以輕易嘗試新的方法，更不要去接受那些自己從來沒有做過的事情，否則就有可能被撞地頭破血流。他們像一隻蝸牛一樣，縮在自己的殼裡，循規蹈矩的做每一件事，底線就是能夠保住眼前的這份工作。難道，我們工作僅僅是為了保住飯碗嗎？

面對工作我們要把它看成是一種樂趣。只有透過工作，你才可以實現自己的人生價值。只有透過工作來學習，透過工作來獲取經驗、知識和信心，這樣你才能不斷地成長。當你走在成功的大道上時，你才能體會到生命的充實。以慷慨和仁慈聞名的亨利．凱撒（Henry John Kaiser）他從來不覺得工作是乏味的，他母親留給他的最寶貴的財富就是以快樂積極的心態去工作。

瑪麗．凱撒在工作一天之後，總要花一段時間做義務保姆工作，幫助那些不幸的人。她常常對兒子說：「亨利，不工作就完不成任何事。我沒什麼可以留給你，只有一份無價的禮物——工作的快樂。」這份無價的禮物教會了亨利如何應用人生最偉大的價值。後來，亨利．凱撒不僅因為冠以其名的公司擁有十億美元以上的資產，更使許多啞巴會說話，許多殘障過上了正常的生活，使窮人以低廉的費用得到了醫療保障……

如果你只把工作視為你賴以生存的工具，那麼你就無法在工作中體會到樂趣，同樣你也不能像亨利．凱撒一樣讓更多人透過你的工作獲得快樂。慢慢的，你就找不到你工作的意義，漸漸淪為平庸之輩，無法在人類的歷史上留下任何痕跡。

當你僅僅把工作當作是「吃飯的碗」時，它能發揮的功效就是碗的功效，那樣工作就是乏味的，時間久了還會成為你的負擔。當你把工作看做是生活的調劑品時，它就能成為你人生中的最大禮物，成為你通往成功的起點。

【進取之道】

人們常說的一句話「不怕被利用，就怕你沒用」。好的職業心態是營養品，會滋養我們的人生，積累小自信，成就大雄心，積累小成績，成就大事業。

你的形象價值百萬

怎樣才能給人留下一個好印象呢?言談舉止固然重要，但是著裝往往會令你事半功倍。以貌取人發展到今天不再是僅僅憑長相來確定一個人的能力，現在更多的加入了衣著和儀態這方面的元素。

尤其是在工作中更要注意你的形象，因為一個人著裝和儀表會直接反映出一個人的修養、氣質與情操，它往往能趕在別人認識你或你的才華之前，向別人透露出你是一個什麼樣的人。對於剛畢業的學生來說，職場第一件是就是在形象上讓自己融入職場。

青青是個剛大學畢業的學生，可愛而略顯青澀。第一次參加面試的時候她聽從表姐的意見，穿了一套看上去很正式的套裝去面試，一路上她都在擔心會不會讓別人覺得她年紀偏大。結果沒想到是她被錄用了。

走在回家的路上心情也格外的好。馬上要到家的時候，青青看到一個人拿著宣傳單在宣傳，她好奇地湊過去看，結果那人一開口就問她：「大姐，你家小孩兒要不要學鋼琴？」青青一聽就生氣了，撂下一句「你才是大姐呢！」就氣鼓鼓的回家了。

第二天上班的時候，她站在衣櫃前猶豫了很久，到底穿什麼衣服去呢？拿起昨天面試時候的套裝，就想起了那句討人厭的「大姐」。於是她想反正也被錄用了，穿什麼也無所謂了，人家看重的是能力而不是衣服。那天青青就穿著牛仔褲套著大T恤上班去了。

剛開始的幾天，老闆讓她熟悉了一下公司的業務，比較清閒。隨後的幾天業務也熟悉了卻遲遲不見老闆安排工作給她做。平時的工作就僅限於給同事之間傳遞一下文件，在網上發資料而已。她實在想不通，自己一個堂堂的大學畢業生還不如一個專科生受重用。苦惱至極的青青不得不向已經是職場老鳥的表姐請教。表姐耐著性子聽完青青的一番訴苦，就讓她站在牆角，然後從頭評到腳。

「好好的頭髮像「鳥巢」一樣亂七八糟，還是紅色的。穿T恤也就算了，還穿著 hello kitty 的，牛仔褲上那是什麼呀？油漆嗎？再看看你那個包，怕別人不知道你愛護小動物嗎？你這樣的形象說你是國中生都有人相信，我要是你們老闆，我也不敢把工作讓你去做。」青青沒想到自己的形象如此糟糕，表姐的一番話讓她恍然大悟。

隔天，青青把頭髮拉直，脫掉了T恤牛仔褲。穿著樣式經典的藏青色套裝，拎著一個別緻的小包，還穿上了高跟鞋。再次走進公司時，同事們看她的眼光都不一樣了，似乎現在的她才是他們之中的一員，經理看到煥然一新的青青時也流露出讚許的目光。後來青青不但越來越被委以重任，還得到了升遷的機會。

不是青青的實力不如別人，而是她的外表無法讓人相信她有實力做得比別人更好。不要怕過於成熟的氣質會讓你看起來很老氣，就堅持學生的風格不改變。一個外表不成熟的人，是無法說服別人，讓別人相信你的內心是成熟的。尤其是在對方還不瞭解你的情況下，著裝和儀表能讓人更直觀，更迅速的瞭解你。

當然，不能膚淺的認為要穿好的著裝和儀表，就名牌加身，整天花枝招展。用幾個月的薪水來買一套價格不菲的名牌套裝，只會讓老闆和同事覺得你是一個不善於規劃的人，甚至你穿戴的比老闆還要誇張，不用等總經理開口，你的上司就會先請你走人了。在職場待久了，要漸漸地琢磨出你所屬公司的「穿衣規則」，不要隨著自己的愛好，這樣可能會犯了「大忌」。

佳麗是一個很愛美的女人，普普通通的灰色制服裙，她圍上個紫紅色的大披肩，就能立刻搖曳生姿，引來羨慕的目光。一個月三十天，她每天都換不同的衣服去上班，那些衣服不見得有多名貴，但是由於她是天生的衣架子，即使是地攤貨到了她的身上會顯得不平凡。

本來佳麗是行政祕書，每天只需要坐在辦公室裡面發送文件就可以了，後來經理把她調到了銷售部，理由是她形象好，便於和客戶溝通。可是到了銷售部半年了，也沒什麼業績出來。因為銷售部的人沒有一個人願意和她合作，認為她每天穿那麼好來上班，肯定很有錢，說不定還和老闆的關係不一般。不知不覺中就和她拉遠了距離。

佳麗不明白的是，上班不是參加選美，不必要每天都要穿的像明星或是世界小姐一樣，男同事會因為你的外表出色而退避三分，對於女同事來說，沒有任何女人甘願當綠葉來陪襯你。你只要做到每天都是神采奕奕、容光煥發，即使不是昂貴的衣服也熨燙平整，只要能夠給人一種幹練，清爽，隨時準備衝刺的感覺就行。相信這樣的你不但能得到老闆的賞識，也能更快的和同事融為一體。

【進取之道】

一個好的職業形象說是價值百萬也不為過，一個明確而專業的個人形象可以助你一臂之力，讓你在成千上百個條件相當的競爭者中脫穎而出。

像第一天那樣去工作

在職場中有一些人，不管做什麼事情，剛開始的時候都會感覺很新鮮，過一段時間，就會覺得索然無味。剛剛進入職場的時候，是胸懷大志，滿腔熱情，大有大展鴻圖之勢。然而，令人感到遺憾的是，這樣的熱情維持不了多久，就會慢慢地消失掉，重則消極怠工，輕則得過且過。

如果你這樣對待你的工作，一段時間後，當你再重新審視你的工作，審視你的周圍時，你會發現，別人都在蒸蒸日上，而你卻還在原地踏步。原因就在於：那些事業攀升的人，他能夠始終像第一天那樣去對待工作，把敬業的精神貫徹到底；而你卻半途而廢，敬業一天比一天少一點，直到消失不見。這裡的關鍵字就是「堅持」，堅持這兩個字，說起來簡單，但是做起來卻很難，尤其是在你得不到任何肯定的情況下。

一支探險隊到沙漠去探險，遭遇了大風沙，其中有兩個人掉隊了。在荒無人煙的沙漠中，他們隨身攜帶的水也喝完了，如果再找不到水源，兩個人就只能等著死神來臨。經過商量，他們決定一個人留下來看行李，另一個人去尋找水源。那個去找水的人臨走時遞給另一個人一把手槍，然後和他說：「這個槍裡有四顆子彈，你每隔一段時間就向著天空打一槍，這樣我就能順著槍聲找到你。」說完他就去找水了。

當槍膛裡只剩下一顆子彈的時候，時間已經過去很久了。找水的人還是沒有回來。等在原地的人越來越絕望，不斷地猜想自己的同伴沒有回來的原因：是被野獸吃掉了？還是渴死在路上了？還是他自己找到水就不管我了？他越想越害怕，感覺死亡的陰影漸漸籠罩了他。於是，他拿起槍，對這自己的腦袋，扣動了扳機。一個小時後，當找水的人拎著水壺，尋著槍聲趕回來時，看到的卻只是一具屍體。

任何事情都是貴在堅持，本來再堅持一下，就會成功，就能擺脫死神。可是卻因為自己的毅力不夠，而選擇了放棄。多麼可惜！就像是我們身在職場中的人，在剛進入一家新的公司時，往往都是充滿了夢想，思索著透過怎樣的方式取得成功。有的希望透過自己的努力得到自己心儀的職位；有的希望和老闆處好關係，成為老闆的心腹；有的希望能夠得到一個好的職位來展示自己的才能……

在各種夢想的驅使下，在第一天上班的時候，都是充滿著熱情的，充滿著鬥志的。在這樣積極的心態下，工作起來自然是戰戰兢兢，絕不會出現半途而廢的情況。這樣的你，也自然會給上司留下一個很好的印象，在公司裡能夠取得初步的進步。然後職場如戰場，而且打的還是持久戰，暫時性的積極，暫時性的敬業都不能讓你在通往成功的道路上順利前進。無論是剛剛步入職場，還是你已經步入職場很多年，都不要以「老鳥」自居，對工作總是推三阻四，和同事之間斤斤計較。

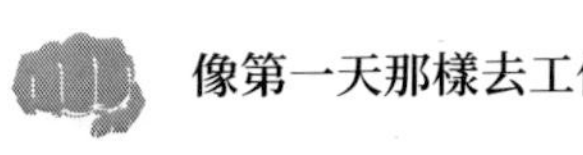

王愷大學快畢業了，學校幫忙聯繫好了實習公司，讓他明天去報到。第一次工作，他不免有點緊張。畢竟在實習期間要是表現好了，將來畢業以後就不用為找工作的事情煩惱了。

第二天上班的時候，王愷穿著西裝打著領帶，十足一個都市小白領的形象。但生活中王愷不是這樣的，平時他屬於不修邊幅的類型，所以儘管長相不錯，一直沒有找到女朋友。這次為了工作，他毅然改變了自己的風格。顯然，王愷的改變收到了不錯的成效，不管是上司還是同事都對他的第一印象很好。接下來的日子，王愷積極做事，熱心待人。上司很多次問到他畢業後願不願意到公司來發展。實習期很快就過去了，在離開公司的那一天，王愷收到了上司的聘書。

正式畢業後，王愷就到了這家公司上班。開始的時候他就像實習一樣工作，他認為自己這樣一定能得到上司的提拔，每次有人事調動時，他都是滿懷希望，但事事往往不如人意，幾次升遷都沒有王愷的份。漸漸的王愷就沒有當初的幹勁了，著裝上也不再講究，還有幾次和同事發生了爭執，對待工作也是馬馬虎虎。和之前簡直判若兩人。上司對他越來越失望。

王愷給身在職場且三分鐘熱度的人上了一課。職場並不像我們想像地那樣簡單、那樣一帆風順，成功不是信手拈來的，需要耐心和努力。困難和挫折總會在前方等著你，這時你更應該堅持下去，因為這些困難和挫折恰恰是考驗你、鍛鍊你的最好機會。

像第一天那樣去工作，就要克服工作過程中可能會帶給你的挫折和失落；像第一天那樣去工作，就要發揮自己堅強的意志力和勇於拼搏的精神；像第一天那樣去工作，你會發現，原來每一天都是嶄新的，都是充滿鬥志的。

【進取之道】

每一天都是充滿著機會和希望的，只要我們能夠始終像第一天那樣去工作，珍惜好工作中的每一天，就一定能夠重燃熱情，成功也是指日可待。

要達到最高就要從最低處做起

許多剛剛步入職場的人，都希望自己能在一開始就取得一個好職位。尤其是剛剛步入職場的新人，大部分都存在這樣的心理：我有文憑，我有豐富的知識，我不應該從最低層做起……然而，沒有哪一家公司會把一個重要的職位交給一個初出茅廬的新人，不管你之前多麼優秀，進入職場，就相當於一切從頭開始。

想要達到最高點，首先要學會彎腰。運動會上，當跳高運動員準備起跳時，都會先弓下身子，然後再高高地躍起，這樣做的目的就是讓自己跳得更高。在職場中也是如此，首先你要把自己的位置放低，你才能一步一步穩穩當當地走向高處。剛步入職場的新人，就算是擁有最多的知識，但缺乏經驗。當他們走向社會時，那種高高在上的架子卻怎麼也融不進社會。這樣的你會在心理上無法正確接納你的工作，也無法順利地進行下去。

張濤畢業了，在工作了一年後。因為他實在無法忍受自己研究生的身分卻每天在公司做一些打雜的事情。

一天，他到海邊去散步，看見一個老人在海邊釣魚。反正自己待著也是無聊，不如和別人聊聊天。於是他問道：「老伯，你一天能釣多少魚？」

老人回答：「釣多少魚並不重要，只要不空手回就是收穫。」

張濤聽了，若有所思地看著遠處的海，感嘆道：「海真夠偉大，滋養了那麼多的生靈。」

老人聽到張濤的話，說：「那麼你知道為什麼海那麼偉大嗎？」張濤不敢貿然回答，他看得出來，這位老人不是一般的凡夫俗子。

老人接著說：「海能裝那麼多水，關鍵是因為它位置最低。所以海才能夠容納百川，包羅萬象。年輕人，我看得出你臉上的不得志，不要把自己當個人物，你的問題就可以迎刃而解了。」

老人的一番話使張濤幡然醒悟，他重新到原來的公司應聘，就算是繼續做打雜的事情，他也會堅持下去。

釣魚的老人之所以能夠從容不迫，知足常樂，就是因為他能夠放低自己的位置。而許多年輕人因為年輕氣盛，很多時候並不能正確擺正自己的位置，因此，經常為自己的一點成績便沾沾自喜，為自己的一點優勢便以為除己之外，再無他人。在職場中，不管你對生活的目標有多高，但你計畫中總有個起點，這個起點就是一個〇，有了這個〇之後，你才能有一，然後才能達到一百，以至加到無窮大。義大利文藝復興時期最為著名的畫家之一山德羅（Sandro Botticelli），他能取得後來的成就，就是他能夠把自己的位置放低，然而之前的他並不是這樣的，這也許和他從小就天賦異稟有關係吧。

山德羅從三歲開始就表現出了對繪畫的獨特才華，他八歲時就在家鄉——義大利的佛羅倫斯辦過畫展，到了國中畢業的時候，他已經成了一位遠近聞名的小畫家。而山德羅在此之前並沒有向任何人學過畫畫，他的藝術細胞似乎與生俱來，為此，他享有著「繪畫天才」的稱號。小小年紀就有這樣的成就，山德羅自信心膨脹了。

畢業後，山德羅在佛羅倫斯市經營起了一家畫廊，他沒有想到的是，他引以為傲的作品一連幾個月都賣不出去。這時，父親建議他去向別的畫家學習一下，山德羅聽從了父親的意見，去向一些名畫家請教，但是他認為那些名畫家技藝並不高超，沒多久就不

學回家了。回來後，畫廊的生意依然不見起色，最後經營不下去了，不得不關閉。

後來，一位法國的著名老畫家旅居到了佛羅倫斯市。山德羅聽說後，找到那位老畫家的住處，向老畫家傾訴了自己的困惑和渴望，以及對之前那幾位老師的不滿，隨後，他問老畫家說：「我可以跟您學畫嗎？」

「當然可以，不過我想你同樣無法從我這學到什麼！」法國老畫家說。

「怎麼會呢？難道以您這樣高超的技藝還無法傳授我知識嗎？」山德羅問。

老畫家沒有直接回答他，而是拎著灑水壺走到一個既沒花也沒草的角落，朝地上澆了水。

「您在做什麼？」山德羅奇怪地問。

「我在為這個花園裡最高貴的一盆紫羅蘭澆水！」法國畫家回答。

「可是，這裡並沒有什麼紫羅蘭啊！」山德羅詫異極了。

「它在那裡！」畫家伸手朝閣樓的窗台上指了指。

山德羅看去，那裡果然有一盆非常高貴的紫羅蘭。

「它在那麼高的地方，如何能淋到水？」山德羅覺得這位老畫家實在是太有趣了。

「你就是那盆高高在上的紫羅蘭，所以我認為你也無法從我這裡學到什麼。」畫家看著山德羅，認真地說，「想要淋到水，那盆紫羅蘭就一定要在水壺噴頭的下方，否則別人澆再多的水也是徒勞！」

要向他人學習，就必須要放低自己的姿態，也只有這樣才能學到更多的知識！人固然有自己的位置，但位置是別人給的，自己把自己放低一點又有什麼壞處呢？努力抬高自己的時候，已經與他人拉大了距離。自己覺得高高在上，在同事的眼裡可能更多的是不屑，甚至是蔑視和憤怒。茶壺只有低下頭，才能倒出水來；茶杯只有放低自己的位置才能被倒滿水。

無論你是天之驕子，還是塵土滿面的打工生；無論你是才高八斗，還是目不識丁；無論你是大智若愚，還是大愚若智，如果你不願意放低自己的位置，就不會取得事業的成功。

【進取之道】

把自己放在最低處吧！只有這樣才會有無窮的動力和後勁。就像是爬山，有的人還在山腳，有的人正在山腰，還有的人已經爬上山頂。而你，只有站在山腳下，才能攀到最高峰。

師夷長技以自強

職場處處皆學問，對於每一個身在職場的人來說，要時時刻刻把自己看作是一個初生的嬰兒，用好學的心態去對待周圍的人事物，你的內在就會越來越豐富。孔子曾說：三人行，必有我師焉。三個人當中就有一個人是值得孔子去學習的，而我們在職場中，接觸的人形形色色，在此交往過程中，值得我們去學習的人，就多不勝數了。

但是往往有一些人把自己能夠獨斷獨行當做是一樁驕傲的事情，而把向他人學習當作是件可恥的事情，其實這是一個莫大的謬見。沒有人是十全十美的，別人身上總有著你所不具備的長處，這時候，如果你不能取人之長，補己之短，那麼損失的不是別人，而是你自己。

認為自己有一點長處就目中無人，這種做法尤為不可取。

一個人中了武狀元回家，途中一條河擋住了他的去路。這時候他看到河邊有一個船工，就出錢雇船工載他過河。船工聽說他是當今武狀元，欽佩之情猶然升起。

船離開岸後，武狀元看到了撐船用的竹篙，便問船工：「你會射箭嗎？」「我哪會射箭，只會擺弄撐船的竹篙。」船工笑呵呵地說道。

「連箭都不會射，你的人生就失去了百分之十的意義。」武狀元用一種戲謔的口氣說道。

這時，武狀元又看到了船上的纜繩，他又問道：「你會騎馬嗎？」「也不會。」船工乾脆地回答道。

「騎馬也不會，那你的生命就失去了百分之二十的意義。」武狀元用輕蔑的語氣說道。船工聽出了武狀元是在故意挖苦他，剛才對武狀元的好感便消失了，於是便不再做聲。

船到河中央時，忽然大雨滂沱而至，狂風呼嘯而來，河水頓時卷起了千層浪，眼看船就要翻了。武狀元嚇得面如土色。只聽船工問道：「你會游泳嗎？」「不會。」武狀元驚慌失措得回答道。「那你的生命就失去百分之百的意義了。」船工用一種愛莫能助，萬般無奈的語氣說道。

話音剛落，船就被大浪掀翻了。

越是自以為了不起的人，其實並沒有多麼了不起。自大的人只會孤芳自賞，只看得到自己的優點，對於別人看得只有缺點。這樣你永遠都不可能進步。也許你憑自己的能力在職場已經取得了一定的成就，但是，如果你不擅長向他人學習的話，那你的位置也就僅限於此了。

人就像浩瀚宇宙中的星辰一樣，每個人都有發光的一面。我們太關注於自己的光

芒，而容易忽略別人的。職場中那些善於發現別人優點的人，往往是能虛心接受意見的人。不管是在古代，還是在現在，但凡那些有成就的人，都是善於向他人請教學習的人。善於發現別人的長處，然後學習別人的長處，把別人的優點吸收到自己身上，變為自己的優點，你就能夠成為職場中越來越優秀的人。「奧普」浴霸基本上是每一個家庭的都在使用的電器，奧普的董事長方傑就善於吸取他人的長處，彌補自己的短處。

方傑畢業於上海師範大學歷史系，畢業後又到澳洲留學。在同齡人中，他算的上是佼佼者了，但是他似乎並沒有因此而滿足。他知道自己是一個不善言辭的人，於是在留學的時候，就到了澳大利亞最大的燈具公司打工，因為他知道這家公司的老闆是一個談判高手，方傑希望能向老闆學會談判的本領。

每當有機會與老闆一起進行商業談判的時候，方傑就在口袋裡偷偷拿著一個微型錄音機。他將老闆與對方的談判內容一句句地錄了下來，然後再回家偷偷地聽，一邊揣摩一邊學習，老闆是怎樣分析問題的，對方是怎樣提問，老闆又是怎樣回答的。

皇天不負有心人，幾年以後方傑也成為了一個商業談判的高手。最後老闆退休了，把位子讓給了他。到了一九九六年，方傑差不多已經成了澳洲身價第一的專業經理人。

方傑的成功就源自於他能夠清楚地知道自己的缺點，然後向他人學習，從而彌補自己的不足之處。善於發現他人的優點並不意味著否定自我。擁有這一種重要的才能，你會意識到自己的不足之處，從而更加努力使自己變得完美。你也會在不知不覺中學會甚至擁有這種優點，這樣才會在不斷更新的職場上有立足之處。

善於吸取他人的優點會讓我們受益無窮。慢慢試著發現你身邊人的優點，然後就像練「吸星大法」一樣把它們占為己有，讓他人的優點成為你一生受用不盡的才能。

【職場點兵】

人無遠慮，必有近憂

職場中有以一個名詞叫做「安全專家」，所謂的安全專家代表了滿足於現狀，只要能夠保住「飯碗」，不升遷，不加薪都可以的一類人，所以他們也不會去努力，也不會去想要獲得更高的職位，因為他們認為以他們現在的能力得到這些已經足夠了。

可是，社會是發展的，職場也是如此，如果你僅僅看到眼前的利益，而不顧將來的，就等於選擇了「慢性死亡」。如果你想知道自己是否是一個有長遠眼光的人，現在你把自己想像成為沙漠中迷路的人。

你在沙漠中迷路了，此刻的你已經好幾天沒有吃東西了，同時，你也遇到了另一個和你情況相同的人。這時一個長者出現了，他的手中拿著一根魚竿和一簍鮮活碩大的魚。

這時你怎麼辦呢？

第一種情況就是你選擇了魚，他選擇了魚竿，然後各自走各自的；

第二種情況就是他選擇了魚，你選擇了魚竿，然後各自走各自的；

第三種情況就是你們各自拿著自己選好的東西，一起上路。

第一種情況，你會在原地就用乾柴搭起篝火煮起了魚，然後狼吞虎嚥，還沒有品出鮮魚的肉香，轉瞬間，連魚湯就被你吃了個精光，然而你還是沒有找到走出沙漠的路，這過程中，你看到了海洋，但是因為沒有魚竿，你只能眼睜睜看著海裡的魚，然後餓死在空空的魚簍旁。

第二種情況，你提著魚竿繼續忍飢挨餓，一步步艱難地向海邊走去，可當你已經看到不遠處那片蔚藍色的海洋時，你渾身的最後一點力氣也使完了，你只能眼巴巴地帶著無盡的遺憾撒手人間。

第三種情況，你們倆分吃魚簍裡的魚，每次只煮一條，經過遙遠的跋涉，來到了海邊，然後用魚竿捕魚，開始捕魚為生的日子。你們不但沒有餓死，反而在幾年後，你們蓋起了房子，有了各自的家庭、子女，有了自己建造的漁船，過上了幸福安康的生活。

不知道你選擇了哪一種情況，在大多數情況下，人都會選擇先飽餐一頓，因為人們容易因為眼前的一點蠅頭小利而喪失了對未來危險的警惕性。就像是在職場中，人們容易為眼前的利益，而放棄潛在的更大的發展空間。常常抱著「反正現在的工資已經夠我生活的了」「反正現在所知道的一切已經夠我應付工作了」等等一些不求上進的想法。

當你把所從事的工作和所領的薪水看作是等價交換後，就會無形中錯過很多成功的機會，這就等於是現實版的「買櫝還珠」，拿到了薪水卻失去了自己的前途和信念。當你為少做了一些事情而沾沾自喜時，你沒有想到公司也在發展，如果你不跟上公司的發展腳步，那麼你就是那個被淘汰掉的人。比如說一些職場女性，因為女性的家庭觀念比較強，就導致了女性在結婚生子後，因為一心專注在孩子身上，而耽誤了工作。

今年才三十歲的安妮從來沒想到自己會主動辭職做全職媽媽，而這主動的行為中多少有些被動。

在她十多年的職場生涯中，安妮一直都能夠勤勤懇懇做好本職的工作。當初剛進公司的時候，她是後勤部門的一個小職員，工作積極性很高，常常以公司為家，看到哪裡有問題，哪些地方需要改進，都會及時和上司溝通，哪怕跟上司意見不一致，也會真誠地去探討。兩年後，由於表現突出，她被提升為小組主管。

大約過了一兩年後，當初的熱情就漸漸不在了，每天都是機械地做著同樣的事情，不願花多心思思考問題，上司交代的工作只是適當地完成。有時候，部門開會，上司給大家加油打氣，她心裡也會起一陣波瀾，想努力做一番事業，可隨後，惰性又使她沉寂下來。在小組主管的位子上做了三年，沒有任何提升，後來她就乾脆回家生孩子去了。

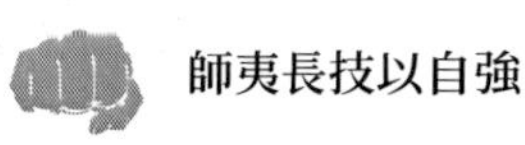

產假過後，安妮把精力都放在孩子身上，對於工作的熱情少得可憐。看著身邊的人不斷地提升，她總是這樣對自己說：「沒關係，做好現在的事就可以了。公司福利不錯，工作壓力小，能這樣一直做下去也挺好的，何必在乎職位呢？」終於有一天，上司不慍不火地對她說：「如果孩子非常需要你的照顧，我建議你最好做一段時間全職媽媽，好好陪伴她。」

安妮沒想到，工作這麼多年，她竟被迫主動辭職，職場生涯徹底「安樂死」。她心中說不出的後悔，覺得不該在工作中過於放鬆自己，到現在只能回家帶孩子，將來也不知怎麼辦。

其實也不光是女性，男性也不例外。但是不管是誰，都應該有自己的志向和理想，無論哪一行，都應該有自己出色的一面。取得了成績不應該滿足於現狀；遇到了挫折和失敗，就勇敢地站起來，另做打算。為了生存而工作，是最容易滿足的，也是最容易實現的，一旦生存問題解決了，你就應該向著更高層次去發展。

無論做什麼事情，無論成敗，都要從長計議，做長遠打算，並逐漸成為一種習慣。只有這樣才能在職場中取得成功。

【進取之道】

人無遠慮，必有近憂，想要在自己的工作職位上作出不平凡的成績來，就要從自身的狹隘中走出來。只有對任何事情都有一番謀劃在胸，你才會不失時機地去實現你的理想和抱負。

與時俱進，做個「領跑者」

每個事物、每個行業都有其自身的發展規律，在不同的經濟時期，身處職場的你就要根據行業的發展趨勢，對自己的能力做出相應的調整。

微軟公司的創始人比爾．蓋茨（Bill Gates）是世界上最富有的人，是在資訊技術領域開足馬力前進的成功人士。那麼，比爾．蓋茲為何能取得如此巨大的成就呢？

在一次和美國大學生的聚會中，比爾．蓋茲十分誠懇地說：「你們當中的許多人都比我更加優秀，我相信只要你們肯努力，你們中肯定會有人超過我的。」

聽了這話，學生們大惑不解，莫非比爾．蓋茲不肯透露他的成功祕訣？

一位學生十分直率地問道：「請問比爾先生，你能能夠告訴我們你是怎樣獲得成功的嗎？」

比爾．蓋茲微笑著說：「我之所以能夠成功，那是因為我一貫堅持做好兩方面的工作。第一方面，我十分專注於自己所從事的工作；第二方面，我時刻關注著行業的發展

動向。」

比爾．蓋茲這兩句話太平常了，幾乎是老生常談的東西，學生們聽了直搖頭。

其實，任何真理都是樸素的，成功的祕訣也不例外。只有你密切關注著你所在行業的發展動態，你才能夠做到始終走在你所在行業的最前端，當你走在最前端的時候，試問，還有誰能夠超越你嗎？

美國 IBM 公司一直是大型電腦的生產巨頭。在一九八〇年代小型個人用電腦已初見端倪，但 IBM 的領導者並沒有意識到這一點，他們對生產小型電腦不屑一顧。當 APPLE、DELL 等個人電腦大行其道，並改變了人們生活的時候，IBM 的腳步已經慢了一拍。

在一九七〇年代以前，美國生產的汽車以寬大、舒適、排量大而著名。但隨著能源的逐漸緊缺，一些精明的生產商認識到，小排量的節能汽車將越來越受到消費者的歡迎。因此，通用、福特汽車公司立即轉變戰略，生產排量小的汽車，而克萊斯勒公司卻沒有意識到這一點，依然生產大排量汽車。當第一次石油危機來臨時，小排量汽車大受歡迎，通用、福特渡過這次危機。而克萊斯勒公司卻損失慘重，大排量汽車積壓如山，九個月內企業虧損七億美元，創美國企業虧損最高記錄。

可見，不能跟上時代的腳步，下場是慘痛的。同樣做為企業中的職員也是這樣的，企業的發展靠的是員工的發展，只有員工有超前的意識，企業才能夠始終跟上時代的腳步。所以說，時刻關注本行業的發展動態是每一個職場人士應該具備的素養，沒有這一點做任何事情都不會成功。

【進取之道】

敏銳的洞察力和前瞻性的眼光，是一個職場人士的殺手鐧。做業界的「領跑者」，你收穫的不僅僅是個人的成功，還能為你的公司帶來成功。

不要恥於向同事「示弱求助」

從每個人的內心來講，都是希望被他人需要的，因為只有這樣，似乎才能體現出自己存在的價值。所以，如果你在職場中，能夠恰到好處的向自己的同事示弱或是有求於他，那麼無形中就把他的地位凌駕於自己之上，這樣的做法在對方看來是很受用的。即使是韓信也有向人示弱的時候。

韓信年少時父母雙亡，家境貧寒，卻刻苦讀書，熟演兵法，懷安邦定國之抱負。苦於生計，不得已時，在熟人家裡吃口閑飯，有時也到淮水邊上釣魚換錢，屢屢遭到周圍人的歧視和冷遇。

一次，一群惡霸當眾羞辱韓信。有一個屠夫對韓信說：「你雖然長得又高又大，喜歡帶刀佩劍，其實你膽子小得很。你敢用你的佩劍來刺我嗎？如果不敢，就從我的褲襠下鑽過去。」韓信自知影隻形單，硬碰硬肯定吃虧。於是韓信二話不說就從那人的褲襠下面鑽了過去。

像韓信一樣承認自己的不足之處，並不是一件丟人的事情，尤其是在職場中。職場不僅僅是簡單的職業技能的施展之地，同時人際關係也是一個你要涉足的重要範疇。向其他同事承認你的「無知」，無形中就是在肯定他，攏絡了人心之外，也給你自己提供了學習的機會。

很多人會覺得向別人示弱或是求助是件有辱尊嚴的事情，可是不要忘了「會哭的孩子有糖吃」，你處處都表現的比別人強，什麼事情都是別人來求助於你，時間久了，不要說你自己的虛榮心理會膨脹，同事之間也會對你退避三舍。所以，如果你在工作中表現地太過堅強，那麼你不妨試試偶爾軟弱一下，那麼你會發現，周圍同事對你的態度就會立即發生變化。

張玲玲一直以來都是個要強的人，她在公司做部門經理，在同事眼中她就是一個女強人。

可是女強人也有讓她無法承受的事情，張玲玲發現她的老公有了外遇，倔強的她選擇了離婚。儘管心裡很痛苦，但她從不把感情上的壞情緒帶到工作中。堅持快樂地工作，把酸楚藏在心底。因工作出色，她連續幾年被評為最優秀員工，經常受到公司嘉獎。無形中，她遭到一些同事的嫉妒，工作中需其他部門配合時，經常會遇到一些「絆腳石」。有人見她一個離婚的人還如此快樂，甚至懷疑她和別人有曖昧之情。

漸漸地，張玲玲意識到，是女強人的形象讓部分同事產生了誤解。於是，她開始嘗試著在同事面前適當地「示弱」，「嘮叨」一些自己生活中的苦悶：說自己經常牙痛、晚上易做惡夢，稱孩子又病了，近來工作力不從心……漸漸地，她發現同事們對她的態度有了變化，並開始關照她的工作、關心她的生活。

可見，適當地「示弱」，可以平衡你在別人心目中的形象，消除嫉妒，讓別人不忍心傷害你！每個人都是這樣，對弱者有一種天生的同情心，而對強者不可避免的有一些嫉妒心理。尤其是對於一些剛步入職場的新人來說，面對辦公室中比你資深的員工，更要拿出不恥下問的幹勁來，既給別人留下了勤學好問的好印象，又能讓人感覺到你對前輩的尊重。

如今很多人都愛表現出強者風範，但往往碰得頭破血流。而會適當示弱的人，倒是更容易被接受。美國心理學家做過這樣的調查，一名彪形大漢在壅塞的馬路上橫穿而過，願意給他讓路的車輛不到百分之五十，車禍率很高。而一個老弱病殘者橫穿馬路，卻是萬人相讓，大家還覺得自己是做了善事，車禍率為〇。所以做人做事，如果適時地示弱，有時可能會成為贏家。

【進取之道】

弱與強，在某種時候，得到的效果截然相反：弱，反而得了強勢；強，反而處於弱勢。所以，放下架子做「弱者」，在某種意義上說也是人生在世的一種姿態。

同事之間，不遠不近最相宜

同事之間的關係是很難把握的一種關係，小小的辦公室，方寸之地，同事間摩肩接踵，各種情況都可能會發生，最好的解決辦法就是，使彼此之間的距離不遠不近。

不遠不近的把握原則就是，關係要融洽，要合作，但是要拒絕過分親密。因為同事不是親人，不會血濃於水，不得不親密；也不是朋友，脾氣相投，彼此之間相互信任，可以親密；而同事之間則是為了共同的目標一起努力，工作起來團結成一個人，工作後，就各自有各自的生活圈。所以，和同事之間多談公事，少談私事，尤其是關於自己的隱私問題，最好不要提及。只有這樣的關係才能讓你和同事之間和諧地相處，愉快地合作下去。現在我們具體談談同事相處這個話題。

首先，是和同性之間的相處。和同性之間，似乎是共同語言多一點，但是處理不當，就會遭來其他同事的排擠或是妒忌。比如，在同性之間你過於熱情，或者過於孤傲，都不能讓同事很輕易就接納你。下面舉兩個現實中的例子供大家參考。

小萌剛到一個公司上班，由於性格活潑，沒多久，就和辦公室的每個人熟識起來。剛開始，大家都還是很喜歡她的。後來漸漸地，大家都會有意無意地避開她。小萌對此感到十分困惑。

原來，她總是毫不避諱地表現出她的「熱心腸」。比如前幾天李姐買了一條裙子，很漂亮，小萌追在李姐後面問價錢，李姐本來不想說，在追問下，就悄悄告訴她是花了一千大洋買的。沒想到，小萌覺得大家都是同事，說出來也無妨，回到辦公室後就和其他同事說了。導致許多同事對李姐的薪水和背景指指點點。這樣的事情次數多了，大家就有意地疏遠她了，怕自己不留神的一句話被她聽到，成了大家茶餘飯後的議論話題。

相對之下，小純的做法就可圈可點。作為辦公室的新人，小純深知自己什麼該問什麼不該問，什麼該說什麼不該說。平時遇到工作上的問題，小純會立刻向其他同事請教，之後還會很客氣地道謝，大家也都樂於做她的前輩。

在一次的午休時間，小純坐在公司附近的餐廳中跟朋友講電話，不遠的桌子上坐著辦公室中的另外一個同事。忽然從門外衝進來一個氣勢洶洶的女人，走到小純同事的面前，上去就是一巴掌，嘴裡還罵著「狐狸精」。小純先是愣了一下，但及時反應過來，從包裡拿出了面巾遞給同事，然後一聲不響地離開了。下午在辦公室見到那位同事，小純就像是什麼也沒有發生過一樣。偶爾在走廊聽到大家議論的聲音，小純也裝作聽不見。

在辦公室工作的日子裡，沒有一個人會因為小純是新人而欺負她，也沒有人因為她的辦事能力強而疏遠她。

在辦公室中，做小萌還是做小純，透過她們兩個的事例就能夠輕而易舉地明瞭了。人多的地方少不了是是非非，對於和自己意氣相投的可以發展成為朋友，對於那些和自己性格背道而馳的，就當作是生命中過客又何妨。

說完了同性之間，就剩下異性之間了。這個世界上不是男人就是女人，人人都說異性相吸，確實也是這樣，和異性的同事相處起來會比較容易點，因為是異性，彼此之間會多一份包容，尤其是女同事在男同事面前，多多少少會受到一些照顧。

但是，異性同事之間的關係掌握不好，就容易偏離方向。現代社會已經不存在什麼男女授受不親的思想了，但是，還是有人類的倫理道德約束著。異性同事之間如果太過親密，就容易招惹一些閒言碎語，重則還會對自己的聲譽有所影響。

王然和梅麗在工作上配合的很有默契，時間長了，發現彼此之間還有很多相似的愛好。工作之餘，他們會經常約在一起喝茶聊天。剛開始僅限於這樣的。後來梅麗失戀了，情緒很低落。王然覺得自己有義務去安撫梅麗，每天下班後就邀請她去看電影，打桌球等等。在辦公室中，也常常表現出對梅麗的關心，這樣的行為在辦公室其他同事中特別刺眼。沒過多久關於他們「戀愛」的消息就傳開了，傳到了總經理耳朵裡，因為公司明文規定不准發展「辦公室戀情」，所以總經理分別找了他們二人談話。對此梅麗很生氣，自己還沒有從上一段感情中走出來，就遇上了鋪天蓋地的緋聞。而王然也遭到女朋友的誤會，影響了個人的感情問題。

朋友之間的關心很正常，但是王然和梅麗沒有把握好尺度。和異性相處最重要的就是把握好感情的尺度，是做朋友，還是做戀人，一定要有所界限，切忌把曖昧之情帶進辦公室。還有一點就是不要讓異性誤解你的企圖，不能讓人認為你的熱情是在施展誘惑，你的幫助是因為另有所求。

【職場點兵】

在做好自我管理的同時，多和同事進行工作方面的溝通，不要干涉同事們的私事，凡事都要留有分寸，可進可退才是正道。

懂得欣賞你的老闆

現在職場上，很多人都抱怨老闆的癖好。也許是大家潛意識裡總認為員工和老闆之間似乎天生就是對立的，大部分人對老闆都是滿腹牢騷，認為老闆沒文化、學歷低、素養低、小氣、沒能力……其實這些不外乎都是在宣洩你個人的情緒。中國有句老話說的好：讀萬卷書，不如行萬里路；行萬里路，不如閱人無數；閱人無數，不如與成功者同步。很顯然，我們身邊的成功者就是我們的老闆。

職場也如江湖，出來混，沒有一個強大的「靠山」是不行的。江湖上不是所有人都能當老大的，職場中也不是誰都能當的了老闆的。能夠成為你老闆之人，一定有著你所不及的能力，只有這樣，他才能夠成為你的「靠山」。

一隻狼從兔子身邊走過，兔子沒有像往常一樣嚇得撒腿就跑，而是仍然坐在石頭上思考著。狼很好奇，於是走過去問道：「你為什麼不跑了，難道你不怕我了嗎？」兔子回答道：「從現在開始我不怕你了，因為我已經知道我怎樣可以打敗你了。」

狼聽了兔子的話，哈哈大笑，說道：「你也太不自量力了。」「那我們就到後面的山洞中比試比試！」兔子挑釁到。「比就比，我還怕自己打不過你？」狼一臉不屑地和兔子走進了山洞。

不一會兒，山洞裡傳來了狼的慘叫聲，然後兔子悠閒地走了出來。山洞中，一隻獅子眯著眼睛剔著自己的牙齒。這時兔子趴在石頭上寫道：「一隻動物能力的大小，不是看牠的力量有多大，而是看牠幕後的老闆是誰。」

如果不是有獅子給自己做強大的後盾，兔子是萬萬不敢和狼決鬥的。所以說，你的老闆作為你的後盾，他所擁有的能力不是誰都可以擁有的，他一定有著我們所不能有的優勢。試想，一個民營企業老闆白手起家，憑自己的本事在市場經濟的夾縫中成長，從無到有，從小到大，造就了一個大企業，難道沒有值得員工學習的地方嗎？一個國營企業老闆憑自己的能力使一個瀕臨破產的企業發展成一個知名企業，工人從面臨失業走向小康，難道沒有地方值得員工可以借鑑嗎？

當你因為老闆給你過多的任務而抱怨時；當你因為老闆對你批評而不服氣時，你應該想到一個嚴格苛刻的老闆，往往是最能鍛造出優秀人才的職場人士，他會教會你許多一般人所不具備的方法和技巧，充分挖掘你的潛質。而大多數人對於老闆的批評是不能夠忍受的，常常會因為老闆的苛責，選擇辭職。

方潔是一個有點粗心大意的人。她的第一份工作是在一家日商公司做一名普通職員，他的老闆經常在她列印的檔中看到錯別字，她的老闆不厭其煩的提醒她。

一次，也許是因為老闆的心情不好，他又在方潔的文件中發現了明顯的錯誤。於是當著許多同事的面，批評了方潔。方潔畢竟是個女孩子，當場就哭了起來。事後方潔堅決辭職離開了公司，儘管老闆也真誠的挽留，但是她覺得這樣苛刻的老闆讓她無法接受。

方潔跳槽到一家規模不大的小公司做文書工作。也許是真的記取教訓，自從被那個苛刻的老闆當眾罵後，方潔在打字的時候，總是時不時地會留意措辭，甚至是標點符號。沒多長時間，方潔仔細認真的態度和出色的表現，贏得了新老闆的賞識。

那天下班後，方潔第一次給上一個公司的老闆傳了簡訊。「當我在你手下做事的時候，不懂得珍惜你的指導，不懂得欣賞你的嚴謹，當我在新職位中取得成果時，才發現你的好。謝謝你的嚴格，成就了我的進步。」

受到老闆的指責，當時肯定會覺得很委屈，但事後你會發現正是因為老闆的批評，你的錯誤才會越來愈少。老闆的話不能一句頂萬句，一句是一句，總有一句話能夠點醒我們的人生。要學會欣賞你的老闆，看到他成功的一面，老闆作為員工的衣食父母，是公司的擁有者，做事經過思考，老闆的行動由千錘百鍊而成，經歷過從有到無過程而形成的，他是公司凝聚力的形成，是值得員工去尊敬和欣賞的。

成功者往往都是在人格、品行、道德和學問上勝人一籌的，與他們在一起，你能吸收到各種對自己有益的成分，為自己的發展起到推波助瀾的作用。所以要運用公司這個平台，多和你的老闆學習，多與成功者同行，你將可以少走很多彎路。

【進取之道】

人人都有崇拜的對象，我們往往習慣於崇拜那些在歷史上有相當影響力的偉人。其實，在我們的生活中，欣賞我們身邊的老闆，往往比欣賞歷史中的偉人更直接、更有效。

為自己創造展翅高飛的機會

工作中有許多事情，需要我們耐心地等待；但是工作中還有許多事情，需要我們積極地去爭取，去創造機會。常常聽人說這樣一句話：「我在等一個機會！」的確，機會，人人都有，你可以去等待，也可以去創造。然而，等待是沒有終止的，也許，過了很長時間才能等到，也可能一輩子也等不到機會。只有自己去創造，才能更好地把握機會，運用機會。

看看那些成功的人，有幾個是等著機會來找他們的，大部分都是自己去創造機會的。比如默爾公司創始人菲力普．亞默爾。

幼年時期的菲力普．亞默爾個性不同於一般孩子，他對讀書不感興趣，對學校的紀律也不習慣。最後因為和同學打架被學校開除了。於是他只好回到家裡幫父親做事。

當聽到加利福尼亞州發現黃金的消息，十七歲的亞默爾感到機會來了，便帶著鋤頭，帶著黃金夢來到了加州。到了之後，他才知道採金並不容易，大片荒原上擠滿了採金人，吃飯喝水都成了問題。亞默爾像大家一樣拼著命挖，太陽火辣辣地暴晒，汗水不住地流淌。

由於氣候乾燥，水源奇缺，導致了水跟金子一樣寶貴。這時亞默爾忽然想到：與其如此艱苦地挖這未必能挖到的金子，還不如弄些水來供給這些挖金子的人。

想到這個辦法後，亞默爾決然地放棄了挖金子的工作，他手裡的鋤頭轉了方向，去挖了一個水溝，把河水引進挖好的水池裡。水經過細沙過濾，已變得清澈可飲了。他又把這些水分裝在壺裡，到工地上去賣。這是一筆投資極少，而收益極佳的生意，在短短的時期內，他已有了五千美元的收入。許多人沒有挖到金子，而他卻靠賣水成了一個小富商。

有的時候，當你一切準備就緒的時候，機會還沒有找上門，那麼就是你該去找它的時候了。平庸之人等待機會，出類拔萃的人則會尋找並獲取機會，讓機會真切實在地為自己服務。生活中，很多人只看到「別人」，而看不到最能給予機會的人恰恰就是自己。這樣一來，不僅造成了自身能力的局限，還將人生的成敗完全交到了別人的掌握之中。

有遠見的人深知，唯有自己才能給自己創造機會。

但是，機會也是不好創造的，只有堅持不懈的努力，對將來有正確認知，有智慧頭腦的人，才能創造出好的機會。有一句格言說得好：「最能幹的人並不是那些等待機會的人，而是那些能創造機會，抓住機會，運用機會及以機會為奴僕的人。」

當你進入一家公司，做著你自己不擅長也不喜歡的工作，你會怎麼辦？是就這樣任由命運的安排，還是為自己創造一個表現的機會，去贏得自己心儀的工作職位？

張磊是學軟體設計的，進入了一家著名的IT公司。

進入公司後，張磊被安排做電腦及網路維護工作。剛開始，他覺得挺新鮮，也挺有成就感，但幾個月後就失去了工作熱情。他認為設計工作更適合自己，想到設計部工作。可是公司的軟體設計人才濟濟，張磊心中不免忐忑不安。經過了深思熟慮後，張磊決定先主動負責一項軟體設計任務，讓自己的能力說話。於是他找到老闆，談了自己的想法。

老闆疑惑地問：「你行嗎？」

張磊自信地回答：「設計是我的專業，我設計的作品在學校的時候就曾得到老師的誇獎，我想一定不會做得比別人差，而且我負責的設計任務，會在不影響現有工作的前提下完成。」

老闆給了他一個機會。張磊設計的程式軟體讓老闆大喜過望，並立即將他調到了設計開發部。在設計部，張磊一展長才，沒過多久就成了公司的核心人物。

如果張磊一直等著老闆去發現他的才華，那麼恐怕等到退休他也等不到。由此可見，很多勤奮的人缺少的其實不是機會，而是創造機會的能力。在職場中，當你認為這件事絕對不可能做成時，其實這件事中往往都暗藏了成功的機會，就看你有沒有那個能力把它挖掘出來，為自己創造一個飛黃騰達的機會。

【進取之道】

智者創造機會，強者把握機會，弱者等待機會，愚者放棄機會。凡是成功的人都在為自己創造一個又一個機會，為自己創造一個又一個輝煌。

別讓抱怨毀了你的才氣

職場中，抱怨是一件很可怕的事情，它會漸漸吞噬掉你對工作的熱情，讓你在工作中只剩下滿腹的牢騷，而忽略了去展示自己的機會。

智聯招聘發布了一個職場抱怨狀態特別調查報告。在參與調查的五千餘人中，百分之六十五點七的職場人表示自己一天抱怨次數在一到五次之間。調查指出，百分之十三點八的被調查者每天抱怨六到十次，百分之三點七的人每天抱怨十一到十五次，還有百分之四點八的職場人表示自己每天抱怨次數甚至高達二十次以上，只有百分之十一點二的人表示從不抱怨或沒有意識到自己是否抱怨過。

在工作中，難免會有一些壓力，當自己無法承受這份壓力的時候就產生了抱怨。但是抱怨能解決問題嗎？可以仔細想想，抱怨帶給了你什麼？被浪費的時間；打擊自己的士氣；弄糟自己的心情。對同事來說，沒有人願意整天和一個滿口怨言，天天愁眉不展的人共事；對上司來講，花錢是雇人還是買抱怨？怎麼放心把事交給一個狹隘悲觀的人？

如果你對你的工作充滿了不滿之情，那麼你將不會全身心得投入到工作當中去，工作對於你而言，就像是一種苦役，這樣又如何做出傲人的成績呢？與其讓抱怨成為自己的工作的主旋律，時時刻刻影響著你的心情、你的工作，為什麼不試著換一種心態呢？不能改變環境的話，就改變自己的心態，只有這樣才能在職場中生存。回顧那些有成就的人，看看他們的經歷，不管環境多麼惡劣，不管前途多麼渺茫，他們從未抱怨過。

享有「中國第一梳」的「譚木匠」——譚傳華，每當你從屬於他的梳子店走過時，看到裡面古典雅緻的裝修，感受店員訓練有素的服務時，你不會想到，他曾落魄到僅憑兩元存活下來。

譚傳華曾經是一個背著畫夾求生的落魄畫家。那年他流落到雲南的昆明，在大街上，他不停地問路人是否需要畫像，卻連遭拒絕。

路過一家餐廳的時候，他看見一個微醉的男人桌子上剩了很多飯菜，飢腸轆轆的譚傳華目不轉睛地盯著那些飯菜。那個男人看穿了譚傳華眼裡的渴望，把喝剩下的半瓶啤酒都倒在了那些剩飯裡。在昆明經過三天飢寒交迫的生活，譚傳華終於拉到了一筆業務，他活了下來。一個瘦弱的年輕人讓譚傳華把他家的舊照片畫下來，畫的像的話，就給譚傳華兩元錢。譚傳華畫完後，那個人很滿意，給了譚傳華兩元錢。這個年輕人並不知道，這個沒有右手的左手畫家，為了這兩元錢已經等了整整三天。

當人們問起他這段經歷時，他沒有抱怨命運對他的不公平，對於那個把啤酒倒進菜裡的人，他沒有怨恨，反而更加感謝那個人，是那個人的舉動把他從乞討的邊緣上拉了回來。

看了譚傳華的故事，你是否感覺有股力量注入了你的體內，是否感覺到了，其實工作中碰到的那些不如意也不過如此。如果你仍然覺得工作讓你無法承受時，請你想一想愛迪生（Thomas Alva Edison）。愛迪生基本每天都在他的實驗室裡辛苦工作十八個小時，在那裡吃飯、睡覺。但他絲毫不以此為苦。「我一生中從未做過一天的工作，」他宣稱，「我每天其樂無窮。」

在愛迪生的眼裡，工作已經不再是工作，而是一種樂趣。如果你覺得你現在的工作對你來說就是無形的枷鎖，那麼你一定不會熱愛這個工作。停止那些無謂的抱怨吧，不要讓它成為你工作中絆腳石。一味的抱怨不但不能夠讓你感覺到快樂，反而會讓你覺得工作更加的索然無味。既然不能夠改變工作，抱怨也於事無補，那你為什麼不改變自己的心態呢？就像愛迪生一樣，把工作當作是一種樂趣。

【進取之道】

記住，抱怨是你才華的「吞噬器」。一個終日把時間浪費在抱怨上面的人，試想他還有什麼是時間去爭取工作發展呢？

是千里馬，總會遇見伯樂

在職場中，懷才不遇常有之。可能是你的才華沒有被發現，沒有得到重用的機會；也可能是你的胸懷大略，但是偏偏生不逢時，所以不願意把自己的才華用在助紂為虐上，就像姜太公一樣。不管是哪一種情況，但結局肯定是一樣的，那就是，只要你是一匹千里馬，就會被伯樂發現。

姜子牙出生時，家境已經敗落了，所以他年輕的時候做過宰牛賣肉的屠夫，也開過酒店賣過酒，勉強得以度日。雖然生活窘迫，但是姜子牙人窮志不短，無論宰牛也好，還是做生意也好，始終勤奮刻苦地學習天文地理、軍事謀略，研究治國安邦之道，期望能有一天為國家施展才華。但是我們都知道，商朝的君主是一個只愛美人不愛江山的人，所以姜子牙的才華遲遲得不到施展。不過他一直沒有放棄尋找施展才能與抱負的機會，哪怕已經年過六十，白髮蒼蒼。

後來，姜子牙聽說周伯姬昌施行仁政，經濟發達、政治清明、社會穩定，大得人心。便很想為興周滅商一展雄才大略，而此時姬昌也正在為治國興邦而廣攬人才。於是姜太公便下定決心，離開了商朝，不辭勞苦，來到了周的領地渭水之濱，在文王回都的途中，終日以釣魚為生。

別人釣魚，魚鉤都是彎的，但是姜子牙卻用直鉤，不用魚餌。這一行為引起了文王的注意。文王與之交談後，發現姜子牙是個有用之才，便招至營中，委以重任。在姜子牙的幫助下，文王和他的兒子推翻商紂統治，建立了周朝。

沒有文王的重用，姜子牙的再大的本事也得不到重用，所以姜子牙的等待是值得的。俗話說：良禽擇木而棲，選擇一個好的老闆很重要。在職場中，你能走多遠，取決於你的老闆眼光有多遠。一個賢能的老闆就相當於是你職場中的伯樂，他能夠發現你的才華，並且能夠給你施展才華的機會。但不是說你有才華，就一定能在第一時間被人發現，周杰倫也是如此。

周杰倫，這個家喻戶曉的名字，連七十歲的老奶奶都知道的歌手，他的歌在中國的普及率是僅次於一代歌后鄧麗君的。

周杰倫從小就表現出了對音樂的興趣，聽到音樂就會隨著節奏興奮地搖晃，有時候一邊看電視，一邊戴上墨鏡學高凌風唱歌。母親見他在音樂方面很有天賦，毫不猶豫地拿出家裡所有的積蓄，給他買了一架鋼琴。這一年，周杰倫才四歲。

後來周杰倫抱著試試的心理參加了淡江中學第一屆音樂班招生考試，令他驚訝的是自己竟然考上了。在高中能學習音樂，周杰倫幸福無比。他的高中鋼琴老師說，周杰倫十多歲時已培養出遠超越他實際年齡的即興演奏能力。

因為周杰倫把全部精力放在音樂上，所以他沒有考上大學。為了減輕媽媽的負擔，他選擇了在一個餐廳做服務生。但是，周杰倫也沒有因此離開自己的音樂世界，他帶著一個隨身聽，一邊工作一邊聽歌。後來，老闆為了使餐廳更高級，決定在大廳放一部鋼琴，但連續嘗試了幾個琴師都不滿意。周杰倫在空閒的時候偷偷的試了試，他的琴聲震驚了同事和老闆。老闆拍著周杰倫的背說，以後你就是餐廳的琴師了。

如果不是周杰倫的表妹瞞著他，偷偷幫他報名參加了當時著名主持人吳宗憲的娛樂節目《超猛新人王》，我想周杰倫自己不會有勇氣站上舞台，因為他太內向了。那天周杰倫的表演可以說是「慘不忍睹」，但是他的害羞並沒有遮掩住他的才華。主持人吳宗憲經過鋼琴的時候，驚訝地發現他在譜著一曲非常複雜的琴譜，而且抄寫得工工整整！吳宗憲意識到這是一個對音樂很認真的人。於是周杰倫成了吳宗憲音樂工作室裡的一名助理。

可是令吳宗憲頭痛的是，周杰倫寫的歌沒有歌手願意唱，最後吳宗憲不得不把周杰倫叫到房間說：「既然沒有人願意唱你的歌，你就自己唱吧。如果你可以在十天之內拿出五十首新歌。我就從裡面挑出十首，做成專輯。」十天之後，周杰倫安安靜靜地拿出五十首歌，於是就有了周杰倫一舉成名的專輯《JAY》。從這張專輯開始，周杰倫從此聲名大噪。

成就周杰倫的除了他的才華以外，還有他在自己的理想得不到施展的情況下，也不放棄的信念。不要因為暫時的得不到賞識而放棄自己的目標，或是否定自己的才華，要相信自己，不斷的充實自己，相信你的努力，你的才華總會遇到一個懂得欣賞你的人。是金子到哪裡都發光，只要有真才實學，就不怕遇不到能識賢用能的伯樂。

【職場點兵】

有才不遇，就要多加主動出擊，爭取在現有的環境裡做一隻更加優秀的馬，多加提升自己奔跑的技能。或許有一天當你能跑得更遠的時候，就會遇到伯樂。

第五章　君子之交淡如水

能夠找到一個真正的朋友，那是一種幸運，更是一種幸福。「君子之交淡如水」，一個淡字，概括了友誼的精髓，淡淡的相惜，淡淡的相知，淡淡的相牽，淡淡的相望！如淡水一杯，平淡無奇卻餘味無窮！只有淡淡的友誼才會更長久。

道不同不相為謀

交一個什麼樣的朋友，是我們人生中值得你認真思考的問題。因為一個志同道合的朋友能為你揚起前進的風帆，而一個道不同的朋友則會成為你人生中的絆腳石。「道不同不相為謀」這一交友原則歷來被我們的古人看重。

管甯與華歆本是同窗好友，後來卻分席而坐。原因在於管寧覺得自己和華歆不是一類人。兩人一同在園中鋤草，發現地裡有塊金子，因為不是自己的，管甯對金子視而不見，就如泥土裡的瓦片一樣。而華歆則拾起了金子，放在了一旁。此時的管寧就知道，華歆和自己是不一樣的人，自己覺得金錢沒有什麼特殊，故不加理會，但是在華歆眼裡，金錢是不一樣的，所以他才會格外的看重。兩人同席讀書，有達官顯貴乘車路過，管寧不受干擾，讀書如故而華歆卻出門觀看，羨慕不已。從那以後，管寧便割開席子，和華歆分席而坐了。管甯追求的是「同道」，顯然，華歆和自己不是同一條路上的人，以後是沒有辦法繼續相處的，不如從此不相往來。

這是發生在東漢時期的故事，被人們傳頌至今。一塊金子，一次看熱鬧，就能夠讓管寧分辨出此人是不是能夠和自己建立真正的友情。隨著社會經濟不斷的發展，越來越多的誘惑刺激著人們的神經。此時，更要睜大自己的雙眼，在茫茫人海中，尋找自己的同道中人。

如今社會更為複雜，經過幾千年的變化，人的性格也越來越難以捉摸，在這樣的情況才下找到自己的同道中人就更難了。有時候是相處了很久以後，才發現兩個人的志向是大相徑庭的，這時候你就得考慮一下，你們是否適合做真正的朋友了。

張昊和李誠在大學時候就是很要好的朋友，他們經常一起打球，吃飯，學習。畢了業以後他們恰巧又進了同一家公司。

剛開始兩個人各自負責各自的專案，下班後還一起離開公司，相互為對方解決工作中遇到的難題。後來老闆看他們二人關係不錯，又都表現良好，就讓他們兩個人共同完成一個比較大的專案。開始的幾天他們利用彼此之間的默契，配合的很好。後來張昊發覺在這個專案裡有機可乘，只要在報表裡修改幾個數字，就能有一筆額外的錢流入自己的口袋，而且只要李誠不說，就神不知鬼不覺。

於是，張昊在一天下班後約李誠一起吃飯，幾杯酒下去以後，張昊對李誠說了他的計畫，並承諾得到的錢一人一半。李誠聽了有些為難，他覺得這樣做有損公司的利益是不對的。但另一方面，張昊是自己的朋友，不好直接拒絕他。張昊看李誠在猶豫，就開始裝起了可憐，說自己最近手頭很緊，連房租都交不起了，就讓李誠幫他個忙。李誠只好說讓他回去考慮一下，然後飯也沒有吃完就離開了。

第二天一見面，張昊就問李誠考慮的怎麼樣了。李誠沒有直接回答他，而是遞給他一個紙袋，說：「那樣做不好，這些錢你先用，不用急著還。」然後就走了。張昊見李誠不肯幫他，很生氣，就自己開始行動了。李誠礙於朋友的情面沒有到老闆那裡舉發張昊，但是卻向老闆提出退出這個專案。老闆又派一個人來和張昊合作，張昊私吞公款的事情沒多久就敗露了。最後老闆把張昊開除了。本是一對好兄弟的張昊和李誠從此形同陌路。

也許很多人會覺得李誠這個人太固執，太不講情面，可是故事中的李誠卻是一個可交之人，朋友有難處，他能夠慷慨解囊，並勸說朋友在錯誤面前止步。而張昊卻不惜利用李誠的善良來陪自己犯錯。李誠能夠及時與張昊劃清界限，沒有被金錢蒙蔽雙眼，實為明智之舉。

交朋友要以人的道義、忠信為前提，這樣的朋友才能夠「志同」，並且能始終如一。如以利益為主，有則親密無間，無則白眼相見，這樣不是真正的友誼。只能說是共同利益上的合作夥伴，是無法交心的。要明白一句話「物以類聚，人以群分」。用智慧的眼睛去尋找與自己的「同道中人」和你一起走人生路，這樣的人才能夠成就你。

【進取之道】

在人生的道路上唯一可以陪你走一生的，只有和你志趣相投的朋友，你們的感情雖然平淡如水，但能風雨同舟，生死不渝。

友情之樹，開信任之花

當我們步入社會以後，接觸的事情複雜了，我們很容易把身邊原本單純的事情也複雜化，比如友情。我曾經聽說過「朋友是拿來出賣的」我覺得說這句話的人一定是遭受了來自友情上的打擊。

如果一個人的身邊連一個說真心話的朋友都沒有；遇到了挫折，連一個可以傾訴的朋友都沒有；如果你面對每一個人都要帶著面具，這樣的生活只會讓你覺得毫無意義。所以，當你身邊出現一個可交的朋友，請拿出你的信任，守住你的友誼之樹。下面這個故事發生在西元前四世紀的義大利。

故事中一名叫皮特斯的年輕人觸犯了法律，被國王判了死刑，皮特斯十分後悔自己因一時衝動違反了法律，他想到自己年邁的母親，把他撫養長大，他卻沒有盡過孝心。於是他懇求國王，希望能與遠在百里之外的母親見最後一面，以表達他對母親的歉意。

國王被他的孝心感動了，於是准許了他的請求。但國王也提出了一個要求，就是要皮特斯找一個人來替他坐牢，這樣就可以避免他逃跑，看似簡單的要求，但是卻難以做到。沒有人會傻到用自己的性命開玩笑。

正當皮特斯以為自己再也不能見到母親時，皮特斯的朋友蒙奇出現了。他願意替皮特斯坐牢，蒙奇的這一舉動被人們稱做是「瘋子」。他們都在等著看蒙奇被朋友騙的結局，日子一天天過去，眼看刑期在即，皮特斯卻還沒回來。

行刑的日子到了，皮特斯仍然沒有回來，只好由蒙奇替死。當蒙奇被押赴刑場時，圍觀的人都笑他是個傻瓜，當然也有善良的人對他產生了同情。而蒙奇的臉上卻看不到任何恐懼，當絞索掛在達蒙的脖子上時，就在千鈞一髮之際，忽然傳來皮特斯高喊的聲音：「我回來了！」

在場的人們簡直不敢相信這是真的，但這確實是真的，皮特斯在最後的關頭出現了。他和蒙奇在絞首架前緊緊地擁抱在了一起。

儘管最後皮特斯還是死了，但是人們不再記得他所犯下的罪狀，而是記得他和蒙奇之間的友情是多麼的感人。

為了朋友，死而無憾，這是多麼深入骨髓的信任，就是有了這份信任，友情才是堅不可摧的。信任不會因為時間、距離而改變，不要因為距離的疏遠，時間的流逝，就疏遠了友情。當你在網路上和素不相識的人聊著自己的真心話時，想一想，其實你的身邊，有更好的人選，那就是你的朋友。

有句詩說的好「海內存知己，天涯若比鄰」，有一個可以信任的朋友，哪怕只有一個，你就是這個世界上幸福無比的人。

【進取之道】

真正的友誼，最寶貴的精神的就是雙方的信任。假如把友情比作一棵樹，那麼這棵樹上，最美麗的果實就叫做——信任。

花點精力在傾聽上

當一個人失落和寂寞的時侯，總是會想要找朋友傾訴一番，當得到朋友的安慰後，煩惱就會拋到九霄雲外去了。有時候默默地傾聽，會給失落者一點安慰，儘管解決不了實質性的問題，做一個真誠的傾聽者，能真實去關心和安慰，也算是對朋友的一種回報了。

傾聽朋友，需要我們的耐心，需要理解。耐心地聽朋友把話說完，理解他們想要表達的意思。有時候我們常常沒有足夠的耐心去聽朋友把話說完，只聽了前半句就去猜測後半句，這樣就很容易誤解朋友的意思。

在美國一個著名的兒童節目中，主持人問一名小朋友：「你長大後想要當做什麼呀？」小朋友認真地回答：「我要當飛機的駕駛員！」主持人接著問：「如果有一天，你的飛機飛著飛著，忽然所有引擎都熄火了，你會怎麼辦？」小朋友想了想，說：「我會先告訴坐在飛機上的人綁好安全帶，然後我穿上我的降落傘跳出去。」當在場的觀眾都被小朋友的小聰明逗得哈哈大笑時，主持人發現孩子的兩行眼淚奪眶而出。主持人想也許孩子想要表達的遠非人們想到的那樣，於是連忙問他說：「為什麼你要這麼做？」小孩的答案透露了這個孩子真摯的想法：「我要去拿燃料，我還要回來！」

觀眾的不夠耐心，傷害了孩子善良的心靈。所以說，傾聽是一種藝術。只有你耐心地去聽了，認真地去聽了，你才不會誤解朋友的意思。當有朋友信任你，把他的苦痛和煩惱吐露給你聽的時候，你要學會傾聽，做一個耐心有風度的聽眾。懂得傾聽朋友的人，不光是要聽朋友說了什麼，更要聽出他的心聲，他開心了，要與他分享；他難過了，要給予安慰。我們現在的生活節奏就像是飛轉的輪子，一刻也停不下來，可越是這樣，就越不能吝嗇自己的那一點時間去傾聽朋友，我就曾因此而失去了一個朋友。

那還是我初入社會的時候，很多事情需要去適應，常常會忙到身心疲憊，幾乎沒有時間和朋友聯絡。

有一天我接到大學時同寢室一個朋友的電話，那時候我們非常要好，畢業後，她回到了老家所在的城市。在電話裡她和我說，她失戀了，工作也不是很順利……由於工作

了一天，我很想趕快休息，沒有聽她說完，就勸道：「失戀沒什麼大不了，可以找更好的嘛！而且現在找個工作多麼不容易，要是再離開家就更不容易了。堅持堅持總會好起來的。」聽完我說的話，她沒有再說什麼，我藉機說我要休息了，有時間再和她聯絡，然後就在相互的道別聲中掛斷了電話。

第二天我就忘了這件事，直到過年的時候才想到給她打個電話問候一下，但是卻是停機狀態。我只好找出當初的通訊錄，但願她家沒有換電話號碼。接電話的是她母親，當我說找她的時候，那邊沉默了很久，然後告訴我說，她已經去世了，是自殺，失戀的打擊，工作的挫折，讓她患上了很嚴重的憂鬱症。

放下電話，我陷入了極度的後悔之中，我後悔當時沒有聽她多說說，哪怕多一會兒也好，哪怕說一句安慰的話，也許結果會是另一個樣子。這件事情，我永遠無法原諒自己。

不要等到無法挽回的時候，才去後悔自己沒有去做的事情。有時候她不是一定要你幫助她什麼，也不是需要你的同情，她只是需要把積壓在內心的鬱悶找一個人傾訴，得到情緒上的發洩，這時候只需要借你的耳朵用一用，只需要借你的心靈來感受一下。

好朋友不是一定要天天喝酒吃飯；好朋友不一定經常挽著手臂逛街購物；好朋友也不一定要高深的學識、俊美的外貌。但好朋友一定是那個願意聽對方發牢騷，吐苦水的人。不管對方說到哪裡，都要用鼓勵的眼神看著對方，用溫暖的微笑看著對方，安撫對方浮躁的心情。朋友對你的傾訴，代表了他對你信任，有一個這樣信任你的朋友，也是你的一種福氣。有一種感覺也叫幸福，就是被人信任的感覺。

【進取之道】

傾聽朋友的訴說，與朋友共同分享快樂，分擔痛苦，讓朋友感覺自己不是孤單的。善於傾聽的行為，真心真意想瞭解別人的困惑，並想幫助解決。

己所不欲，勿施於人

朋友之間的交往最高境界就是順其自然，雙方都覺得沒有壓力。這樣的友情才能夠長久的保持下去。要做到這樣，就需要我們相互瞭解，相互尊重，而不是把自己想法強加在對方的身上，這樣就會形成一種無形的壓力，讓朋友感覺到很累。也許你認為你是為朋友好，其實那只是你自以為是的想法，你沒有想過你的朋友是否認為你的幫助是真正為他好呢？

當我們沒有站在對方的立場上時，我們是不會明白對方的心裡的。曾經聽到過這樣一個故事。

故事發生在一個白人統治的國家內。那時候，那個國家白人政府實施「種族隔離」政策，不允許黑皮膚人進入白人專用的公共場所。白人也不喜歡與黑人來往，認為他們是低賤的種族，避之唯恐不及。

一天，一個白人女孩在沙灘上做日光浴，也許是因為陽光太溫暖了，她睡著了。當她醒來的時候，天色已經晚了，一天沒有吃飯的她感到飢腸轆轆，於是就走進附近的一家餐館。餐館中的人不是很多，她隨便找了一個座位坐下，就等著服務生給她送菜單。可是過了約三十分鐘，也沒有人來招待她。只見那些服務生忙著招呼那些比她來的還晚的人，她生氣極了，準備去質問那些侍者。

當她站起身來，想向前爭論時。忽然呆住了，因為她看到了鏡子中的自己，已經晒的像黑人一樣了，她終於知道為什麼沒有人來招呼她了。此時，她才真正體會到黑人被白人歧視的滋味！

看了這樣的故事，你有什麼感受呢？如果等我們去經歷過才能明白朋友的感受，那時候就已經晚了，因為朋友已經在你之前感受過了。也許你會說：「我們是朋友，我瞭解他。」可是，你的瞭解就是真的瞭解嗎？其實不是。宇宙中沒有相同的兩片樹葉，這世界上的人也是不盡相同的，就算是雙胞胎也不可能有著一模一樣的脾氣，更不要說一開始只是兩個陌生人的人，漸漸因為一些相同的愛好走到一起，這樣已經很不容易了，我們首先要承認自己和朋友之間的不同，並坦然地面對這些。

在一些看得見，摸得著的小事情上，我們能夠很容易和朋友達成共識。比如：你喜歡吃辣的，而你的朋友喜歡吃甜的，你就不會試圖去改變他的口味。但是，卻在一些對朋友很重要的問題上，我們常常不能夠做到尊重朋友，理解朋友，總試圖把朋友改造成我們認為的樣子。在你看來你的行為是出於善意的，但是往往會引起朋友的不滿，可謂是費力不討好。就算是朋友的一些行為是你不能認同的，你也不能以自己的標準去要求他改正。

前幾天在網路上看見這樣一個文章，發文人是一個剛上高中的女孩。她在文中表現出對朋友的不滿，但是怕影響友情，所以不敢直接說出來，所以請大家幫她想一個辦法。

原來這個女孩為人比較馬虎，經常不是忘記拿課本，就是忘記東西放在哪裡。而她的朋友是一個很細心很穩重的女孩子。朋友認為她這個毛病很不好，於是就想幫助她改正，每當她再忘記什麼的時候，朋友就會提醒她，甚至還親自為她寫了一篇「行動指南」。一開始，她還能夠按照朋友說的去做，時間長了，她就覺得煩了，朋友的督促讓她煩躁不安，每當看到朋友，她都覺得心裡不舒服。

這個女孩知道朋友是為她好，希望她能夠改正自己的缺點，可是她不能夠接受朋友

這種方式，因為她覺得人生是自己的，即使是再要好的朋友，也應該尊重她。

幫助朋友沒有錯，但是你要明白你的幫助，朋友是不是受用。朋友之間需要的是平等，是尊重。不要把自己看作是朋友關係中的主宰者，流露出救世主的樣子，如果一個總是試圖讓朋友變得和自己一樣，時間長了，就沒有人願意和你做朋友了。當你自己都做不到事情，或者是你自己都不能夠接受的事情，你要讓你的朋友去做時，你就應該想想，如果換做是你，你會怎麼辦？這樣你才不會作出令朋友為難的事情來。

【進取之道】

己所不欲，勿施於人。和朋友之間要推己及人，就是我們常說的將心比心，要設身處地為朋友想一想。

讓朋友表現得比你優越

大多數人都會不同程度地擁有某種優越感，比方說職業優越感，一個月薪上萬的人在拿一千八百的人面前當然會感覺良好；比方說長相上的優越感，據說美女都不願和美女做朋友，因為那樣不足以凸顯她的美；還有學歷上的優越感，所謂的美女作家衛慧就曾對媒體公開表達她對同類作家棉棉的學歷歧視。

但是往往越有優越感，就越不要表現出自己的優越感。聰明的人，都會掩飾住自己的光芒，然後讓朋友顯示出優越感。馮小剛是我很敬佩的一個導演，除了他在電影中表現出的才華，我更敬佩他對朋友的態度。

一天一個朋友到馮小剛家中拜訪。這個朋友是一個雪茄愛好者，而且對雪茄也頗有研究。馮小剛家中正巧有別人送的雪茄，便告訴朋友說要拿出來給他試試。這個朋友是行家，就問什麼牌子的雪茄？馮小剛冥思苦想了半天叫不出名字來，隱約記得是一對戀人的名字，就說：「好象是叫梁山伯與祝英台。」朋友一臉懷疑讓他把雪茄拿上來，只掃了一眼鼻子都氣歪了，手指捏著雪茄一臉輕蔑教訓馮小剛說：「什麼梁山伯與祝英台！這叫羅密歐與茱麗葉。」其實馮小剛知道是什麼名字，他故意說錯，這樣就能滿足內行們的優越感。

馮小剛作為中國首屈一指的大導演，都能如此放低自己的身分來抬高朋友，更何況是我們呢？蘇格拉底（Socrates）也在雅典一再地告誡他的門徒：「你只知道一件事，就是你一無所知。」在朋友面前無論你以什麼樣的方式對對方進行否定，一個蔑視的眼神，一種不滿的腔調，一個不耐煩的手勢，都有可能帶來難堪的後果。因為你否定了他的智慧和判斷力，打擊了他的榮譽和自尊心，同時還傷害了他的感情。正確的做法就是對朋友的做法給予肯定。

有一位表演大師邀請朋友看自己的表演。上台前他們在後台閒談，忽然他的朋友和他說「你的鞋帶鬆了。」大師聽了連忙蹲下來仔細繫好，並點頭道謝。

這時，表演大師快上場了，朋友便向看台走去。看到朋友走遠後，表演大師又蹲下來將鞋帶解鬆。這一切被在一旁的助理看見了，不解地問：「大師，您為什麼又要將鞋帶解鬆呢？」大師回答道：「因為我飾演的是一位勞累的旅者，鞋帶鬆開，可以透過這個細節表現他的勞累憔悴。」「那你為什麼不直接告訴你的朋友呢？」「他能細心地發現我的鞋帶鬆了，並且熱心地告訴我，說明這是他在關心我，我順著他的意思來，他會為自己能夠給我幫助而開心。」

這位大師是幸福的，因為他有朋友的關心；而他的朋友也是幸福的，因為他能感受到自己被朋友需要。當我們讓朋友表現得比我們優越，他們就有了一種「重要人物」的感覺；但是當我們表現得比他還優越，他們就會產生一種自卑感，很可能會因此造成羨慕和嫉妒。紐約市人事局人緣最好的工作介紹顧問亨麗塔就有過類似的經歷。

在初到人事局的前幾個月當中，亨麗塔在她的同事之中連一個朋友都沒有。為什麼呢？因為每天她都使勁吹噓她在工作介紹方面的成績、她新開的存款戶頭，以及她所做的每一件事情。

苦惱的亨麗塔向拿破崙．希爾（Napoleon Hill）訴說道：「我工作做得不錯，並且深以為傲。但是我的同事不但不分享我的成就，而且還極不高興。我渴望這些人能夠喜歡我，我真的很希望他們成為我的朋友。」拿破崙．希爾在聽後，說：「我建議你從現在開始少談自己而多聽同事說話。因為他們也有很多事情要吹噓，試著傾聽他們的成就遠比炫耀你自己的成就更開心。」

亨麗塔採取了拿破崙．希爾的建議。當有時間在一起閒聊的時候，她就請他們把他們的歡樂告訴她，而只在他們問她的時候她才說一下自己的成就。果然，她把每一個同事都變成了自己的朋友。

如果現在的你還沒有改掉在朋友面前喋喋不休地地訴說你取得的成就，還是不停地顯示自己是多麼優秀的話，在你的朋友還沒有因為你的優越感而離開你之前，你該停止了。

【進取之道】

如果你要得到仇人，就表現得比你的朋友優越吧；如果你要得到朋友，就要讓你的朋友表現得比你優越。

交友不慎等於自殺

自殺在我們眼裡是一件很可怕的事情，也許你會覺得交個朋友而已，不會有自殺那麼嚴重，其實不然。從古至今，因為交友不慎而被朋友所害的事情，多不勝數。古時候就有孫臏和龐涓的故事為例。

孫臏從小喜歡軍事，並且善於謀略，深得老師的喜愛，很快就成為了同學之中的佼佼者。在孫臏的同學中有個叫龐涓的，他生性好強，學習非常努力，學得也不錯，不過就是趕不上孫臏，怎麼努力也不行，這讓龐涓很不高興。特別惱人的是，論起計謀來，孫臏更總是勝龐涓一籌，讓龐涓總是在下風。龐涓很生氣，但表面上卻沒有顯露出來，他反倒對孫臏特別好，因為他想弄明白孫臏如何學那麼好。

之後龐涓到了魏國，見到了魏王，魏王很欣賞龐涓，任命他為將軍，龐涓上了任，分析形勢，謀劃方略，對魏國和天下的軍事做了一番籌劃，他胸有成竹，若是用兵，他有勝算。可是，龐涓有一點仍不放心，如果對手是孫臏怎麼辦?那自己建功立業可就要受阻了。龐涓想起這一點來就心情煩躁，卻又不知如何是好。後來得到一個手下的提醒，龐涓想到了對付孫臏的方法。他找了幾個心腹，四處打探孫臏。結果很快打聽到孫臏在四處遊歷。龐涓派人見了孫臏，他向魏王舉薦孫臏，魏王請孫臏到魏國。孫臏聽了很感動，想說還是自己的這個同學有情義，於是來到了魏國，龐涓把他安頓好了，並答應說馬上向魏王舉薦。第二天，龐涓在朝堂上對魏王說：「臣有一個朋友，名叫孫臏，是個統兵打仗的人才，可為我國所用。」魏王高興地說：「那好，明天請來我見一見。」第二天上朝，魏王問龐涓說：「孫臏請來了嗎？」「臣正要稟報，待退朝後單獨說。」

退朝後，魏王問龐涓為什麼要單獨說。龐涓說：「孫臏來時，我就派了人打聽他的情況，昨天打探的人回來了，說孫臏是齊國的奸細！」魏王一聽大怒，龐涓連連謝罪，說自己為了給國家找人才，太心急了，魏王的火氣才消了，並讓龐涓處置孫臏。

孫臏這天早早就起來了，收拾好了準備去見魏王。正在屋裡等著，突然衝進來幾個差人，掏出鎖鏈就把孫臏鎖上帶到了一處官署，一個官員開始審問，這時孫臏才明白，他們說自己是齊國的奸細。只見官員揮了一下手，幾個彪形大漢走過來把他按倒在地，又見一個大漢拿著一柄大斧頭走上前來，孫臏還沒看清是怎麼回事，只覺得腳下突然一陣劇痛，一下昏死過去了。最後孫臏被一個老人所救，失去雙腳，但總算保住了性命。

孫臏付出了一雙腳的代價，才算看清了龐涓的真面目，這個代價也未免太沉重了。即使有孫臏作為一個歷史來警惕著人們，但交友不慎的事情還是時有發生。每天層出不窮的新聞，讓每個人都不免為之膽顫。比如，某某女生被網友迷奸，某某男生被教唆吸毒……可見，交朋友不僅僅是我們的感情所向，有時候應該放入一些理性的元素，來審視我們要交的朋友是不是真正可以做朋友的。近幾年來，因為網路的盛行，許多人都喜歡在網上交朋友。

小夏今年十七歲了，是家人及朋友眼中的乖乖女，平時她最大的愛好就是上網聊天。她認為只有在網上才能交到真正的朋友，因為這樣的朋友是不以容貌，家庭背景，經濟水準為前提的，這樣的感情才是最乾淨的、最純樸的。一年前，小夏認識了一個網名叫做「貓咪尾巴」的女網友，她們之間無話不談。後來「貓咪尾巴」邀請小夏到她所在的城市去玩，小夏想都不想就答應了。出發前，怕家人不同意，就撒謊說是和朋友結伴去旅遊。

等小夏到了「貓咪尾巴」所在的城市之後，來接她的卻是一個三十多歲的婦女，自稱是「貓咪尾巴」的母親。小夏毫無防備的和她走了。結果，這位所謂的「母親」是一個賣淫集團的老大，她把小夏關起來，強迫她賣淫。幾個月後，員警救出了已經精神恍惚的小夏。回到家中的小夏並沒有從噩夢中解脫出來，多次自殺被家人及時救下。

或許你會覺得小夏可憐。小夏的悲劇在於她太容易相信別人，沒有區分這個人的好壞就與之成為了朋友。如果小夏多一些警覺性，就不難找出「貓咪尾巴」的破綻。網路中的友情放到現實中也是一樣的，不管是網路還是現實，我們都不能被暫時的感情沖昏了頭腦。要時刻保持著一顆清醒的頭腦審視自己身邊的人，究竟哪個人才是我們可以真正做朋友的。

【進取之道】

生活中，每個人都不會把他最真實，最醜惡的一面暴露給你看，你只需做到，善辨友誼，區分善友惡人就可以了。

不可透支的友情資源

曾經有一句話說，比沒有錢更難過的事就是沒有朋友。可見朋友對於一個人來說有多重要。好朋友就像是一種稀有資源，我想沒有人願意失去。因為只要有朋友，世界就會精彩；只要有朋友，哪怕你什麼都沒有，可以痛痛快快哭，可以瀟瀟灑灑笑。

臺灣科技界首富鴻海集團總裁郭台銘娶兒媳婦時，曾經在主婚時感性地對孩子說到這一生享用不盡的財富：

第一是爺爺取的名字「守正」，意謂做人要正直。

第二是奶奶教導的「精明」，但做人要不忘記厚道。

第三是友情，這是郭家壯大所依賴的永遠財富。

每一個成功的人身後，一定有許多朋友在支持著他，所以我們應該珍惜身邊的每一個朋友。好朋友不求多，但求交心。一個人一生中有幾個知心的朋友，那將是多麼幸福的一件事情。古代就有伯牙和牙和鍾子期的故事為人所稱頌。

伯牙的琴術很高明，一天，伯牙彈琴的時候，想像著在登高山。鍾子期聽到了，說：「彈得真好啊！我彷彿看見了一座巍峨的大山！」接著伯牙又想著流水，鍾子期又說：「彈得真好啊！我彷彿看到了汪洋的江海！」

每次伯牙想到什麼，鍾子期都能從琴聲中領會到伯牙所想。有一次，他們兩人一起去泰山遊玩，途中突然天空下起了暴雨，於是他們來到一塊大岩石下面避雨。好好的行程被大雨打斷，伯牙心裡突然感到很悲傷，於是就拿出隨身攜帶的琴彈起來。開始彈綿綿細雨的聲音，後來又彈大山崩裂的聲音。每次彈的時候，鍾子期都能聽出琴聲中所表達的含義。伯牙放下琴感嘆地說：「你真是我的知己啊！無論我心中想什麼，都逃不過你的耳朵。」

當鍾子期去世後，俞伯牙悲痛萬分，認為知音已死，天下再不會有人像鍾子期一樣能體會他演奏的意境。所以，終生不再彈琴了。

是啊，人的一生能有幾個真心朋友呢？在我們身邊有像鍾子期了解伯牙一樣瞭解我們的朋友，是少之又少的。有的人可能有幾個，有的可能只有一個，有的甚至沒有。可是有的時候，我們往往會認為友情是取之不盡、用之不竭的。於是，大肆地浪費著我們的友情資源，總是認為來日方長，以後補償的機會多的是。然而，不是所有的友情都會等你去補償，也不是所有的友情都會給你補償的機會。你對朋友的索取，朋友對你付出，應該是成正比的，而不是你無條件的享受朋友帶給你的任何付出，這樣做的後果就是你們的友情被你透支。

一個朋友接手了一個雜誌社，由於社裡的資金並不富裕，不僅人手少，稿費也不高，但是他又不願意因為稿費的因素降低雜誌的水準。最後雜誌社面臨著關門的危險。這時候，他想起了自己的一些作家朋友，於是就運用朋友的交情邀請朋友給他寫一些稿子。起初，朋友看他有難處，都慷慨解囊，有的甚至放下自己的手頭正在做的稿子，也先幫他完成。

漸漸的，他的雜誌社有了起色，開始盈利。這期間他也想過給自己的朋友稿費，可是看著各項支出，又想，反正是朋友，不用白不用。後來當他再一次想找朋友約稿的時候，那個朋友找理由推辭了，到最後，沒有一個朋友願意為他寫了，其中一個還和他說：「我站在朋友的立場幫你，但是你這樣做是在透支人情。」

也許你聽說過銀行卡會透支，你一定沒有想到友情也會透支。朋友之間，再好的關係，也是要講情分的。友情是很微妙的一種東西，是需要我們用心來經營的。就像是我們在銀行開帳戶，你只存入很少的錢，卻不斷地提取，到最後帳戶就會全部歸零，朋友就不能再為你提供幫助。

每個人都有自己的生活和煩惱，試問我們自己對朋友的付出，能做到的也是非常有限的。同樣，對朋友作過分要求，是無知的索取。朋友的扶持只能視作一時應急，不是長期接濟。不論再失意、再頹廢、再辛苦，我們都不能想當然地永遠倚靠朋友。做一個自立自強的人，相信不但能夠有更多的朋友願意幫助你，你也會得到朋友的尊重。

【進取之道】

好朋友大多數不完五根手指頭，既然是資產，你就必須要經營，付出時間、努力和精力。一味得索取，只能令你的朋友資源越來越貧乏。

付出是沒有存摺的儲蓄

我曾聽人說過，他對朋友的付出沒有得到回報，他很傷心，覺得自己被朋友利用了。說出這話的人，首先他自己就沒有在心裡把他的朋友當作是真正的朋友。真正的友情就是不計較回報，捨得付出。而當你付出時，你就會發現，你的付出不是沒有回報，至少你贏得了真摯的友誼。

想起曾經看過的一個故事，故事發生在一個中東國家。雖然我不知道這個故事是否是真實的，但是我相信任何一個看完這個故事的人都會被故事中的友情所感動。

兩國交戰，到處都可以聽到飛機的轟炸聲。孤兒院中，所有的孩子都蜷縮在一起，希望戰爭趕快結束。忽然，一顆炸彈被扔進了孤兒院，幾個孩子和一位工作人員不幸身亡。還有幾個小孩被炸傷，其中一個小女孩的傷勢最為嚴重，流了很多血！

一個醫療小組在第一時間來到了這裡。醫生很快對傷者進行了急救，但在那個小女孩那裡出了一點問題，小女孩需要輸血，但是她們帶來的血漿不夠使用。面對如此危急的情況，醫生決定從現場的人中找合適的血型，她給在場所有的人驗了血，終於發現有幾個孩子的血型和這個小女孩是一樣的。可是，因為醫生和護士都只會說英語外加一點點的本地話，而在場的孤兒院的工作人員和孩子們只聽得懂本地話。醫生著急地說了半天，孩子們似乎都不明白醫生在說些什麼。

無奈之下醫生只好加上手勢比劃半天，孩子們好像聽懂了。但是等了許久也沒有人吭聲。醫生十分不解，為什麼他們不肯捐血來救自己的朋友呢？難道剛才對他們說的話他們沒有聽懂嗎？

這時，一隻小手慢慢舉了起來，看得出他的猶豫，因為他的手舉得那樣遲疑，那樣緩慢。

醫生很高興，馬上把那個小男孩帶到臨時的手術室，讓他躺在床上。小男孩僵直著躺在床上，看著針管慢慢的插入細小的胳膊，看著自己的血液一點點的被抽走！眼淚不知不覺地就順著臉頰流了下來。醫生緊張地問是不是針管弄痛了他，他搖了搖頭。但是眼淚還是沒有止住。醫生開始有一點慌了，因為她總覺得有什麼地方肯定弄錯了。不然孩子不會哭的。

緊急關頭，一個當地的護士趕到了這個孤兒院。女醫生把情況告訴了護士。護士連忙低下身子，和床上的孩子交談了一下，不久後，孩子竟然破涕為笑。原來，那些孩子都誤解了醫生的話，以為她要抽光一個人的血去救那個小女孩。一想到不久以後就要死了，所以小男孩才哭了出來！醫生終於明白為什麼剛才沒有人自願出來獻血了！但是她又有一件事不明白了，「既然以為捐過血之後就要死了，為什麼他還自願出來捐血呢？」醫生問護士。

於是護士用本地話問了一下小男孩，小男孩不假思索得回答到：「因為她是我最好的朋友。」簡單幾個字，但卻感動了在場所有的人。

試問，當面對如此的狀況時，我們是否願意作出和這個小男孩一樣的舉動呢？為朋友的付出是否能不顧一切呢？如果你能，我相信你的朋友也能。

總之，你從別人那獲得的任何東西都是你原先付出的回報。你在付出時越是慷慨，你得到的回報就越豐厚。你在付出時越吝嗇越小氣，你得到的就越是少得可憐。你必須是出於真心的、慷慨的給予，否則，你得到的回報本應該是寬闊的大江，但實際上你只得到了一條淺淺的溪流。

【職場點兵】

想要得到朋友的友誼，就要為朋友多做些事，那些事是需要我們付出自己的時間、體力、還有真心的，友情只有你主動付出了，你才會體會到它的回報。

和朋友說「對不起」

從我有記憶以來，我只失去一個朋友，因為一些誤會，我們誰也不肯和對方和解，於是友情在時間的侵蝕下，漸漸變得面目全非，直到最後消失不見。現在仔細想想，友情其實不像我們想像的那樣堅固，有時候友情也很脆弱。

那還是我上國中的時候，在班裡有一個十分要好的朋友。我們好到了交換日記看的程度，上課傳紙條，下課的時候基本上是形影不離。後來我偶然從另外一個朋友那裡聽到她說我的一些話，大意就是她不是很信任我。她的話讓我很傷心，從那天起就開始疏遠了她，幾次看見她欲言又止的樣子，但最後都沒有說出來。直到後來她轉學了。我常常想起來和她在一起的時光，再想一想疏遠她的原因，覺得沒有什麼。但是我卻為此失去了一個好朋友。

其實，如果當時她向我說聲「對不起」，我一定會原諒她，儘管她的不信任傷害了我自尊心。可是她沒有說，儘管最後我還是原諒了她，但是也不能挽回我們之間的友情了。

很多人認為，朋友之間不必計較太多。因為是朋友，不管做錯了什麼事情，朋友都會原諒你，不會跟你計較。如果說對不起的話，反而會顯得不親熱。但是當你做了讓朋友傷心的事情了，就一定要記得真誠地和朋友說「對不起」，朋友之間可以相互諒解，可以相互包容，但是朋友的心不能傷，一旦傷了就會留下傷痕。

恩格斯和馬克思的友情感動了很多人，他們之間也曾經出現過不開心的事情，但是因為馬克思的及時道歉，挽回了這段真摯的友情。

一八六三年一月七日，恩格斯的妻子瑪麗患心臟病突然去世，恩格斯十分悲痛。他寫信給自己最好的朋友馬克思，信中說：「我無法向你說出我現在的心情，這個可憐的女子是以她的整個心靈愛著我的。」

第二天，馬克思給恩格斯寫的回信中，對瑪麗的噩耗只說了一句平淡的慰問話，卻訴說了一大堆自己的困境：肉商、麵包商即將停止賒帳給他，房租和孩子的學費又逼得他喘不過氣來，孩子上街沒有鞋子和衣服……生活的困境使馬克思忽略了對朋友不幸的關切。

正在極度悲痛中的恩格斯收到馬克思的信後，沒有得到自己想要的安慰，不禁有點生氣了。從前，他們每隔一兩天就通一次信。這次，一直隔了五天，恩格斯才給馬克思回信，並在信中毫不掩飾地說：「自然明白，這次我自己的不幸和你對此冷冰冰的態度，使我完全不可能早些給你回信。我的所有朋友，包括相識的傭人在內，在這種使我極其悲痛的時刻對我表示的同情和友誼，都超出了我的預料。而你卻認為這個時刻正是表現你那冷靜的思考方式的卓越性時機。那就請便吧！」

波折既已發生，友誼經歷著考驗。這時，馬克思並沒有為自己辯護，而是作了認真的自我批評。十天以後，當雙方都冷靜下來的時候，馬克思寫信給恩格斯說：「從我這方面說，給你寫那封信是個大錯，信一發出我就後悔了。然而這絕不是出於冷酷無情。我的妻子和孩子們都可以作證：我收到你的那封信時極其震驚，就像我最親近的一個人去世一樣。而到晚上給你寫信的時候，則是處於完全絕望的狀態之中。在我家裡呆著房東打發來的評價員，收到了肉商的拒付期票，家裡沒有煤和食品，小燕妮臥病在床……」

收到這封信後，出於對朋友的瞭解和信賴，恩格斯立即諒解了馬克思。他立即給馬克思的信中說：「對你的坦率，我表示感謝。你自己也明白，前次的來信給我造成了怎樣的印象。我接到你的信時，她還沒有下葬。應該告訴你這封信在整整一個星期裡，始終在我的腦海盤旋，沒法把它忘掉。不過不要緊，你最近的這封信已經把前一封信所留下的印象消除了，而且我感到高興的是，我沒有在失去瑪麗的同時再失去自己最老的和最好的朋友。」隨信還寄去一張一百英磅的期票，以幫助馬克思度過困境。

如果沒有馬克思真誠地道歉，這段被人傳為佳話的友情說不定就戛然而止了。倘若你發現自己錯了，能真誠、主動道歉，遠比那些千方百計地理由給自己辯護的人更能得到諒解甚至尊敬，因為在朋友的面前，更要表現出自己的正直坦蕩。這樣朋友才會認為你是一個值得交往的人。

【進取之道】

誠懇的歉意不僅能彌補彼此之間的裂痕，還可以增進彼此之間的感情。只要一句「對不起」就能冰釋前嫌，就能喚回友情。

忠言常逆耳，美言常害人

人的一生受朋友的影響是很深刻的，許多人因為朋友而成功，也有許多人因為朋友而失敗。能夠交到一個好朋友是你將受益一生的好事。

第五章　君子之交淡如水

每個人都知道「忠言逆耳利於行」，但是還是常常會陷入這樣一個誤區，把經常誇讚自己，或者是對我們言聽計從的朋友當作是最好的朋友，當作是知己；對經常批評自己，給自己提意見的朋友，開始的時候還能保持一定熱情，次數多了，就會開始討厭對方。

這都是人的虛榮心在作怪，因為沒有人不希望得到別人的肯定，不希望聽到別人的讚美。但是，你可曾想過，那些每天讚美的人，到底是不是真心地在讚美你，你真的就像他們描述的那麼完美嗎？甜言蜜語、阿諛奉承的話會令人如沐春風，十分受用，但結果卻是得意忘形，被美言蒙蔽了雙眼，看不到事情的本來面目。這些都是有歷史為鑒的。

唐朝皇族宗室李林甫，擅長書畫，才藝過人，但是此人卻是一個「口蜜腹劍」之人。他透過諂媚逢迎等各種手段，買通和勾結唐玄宗寵愛的武惠妃和大宦官高力士，取得唐玄宗的信任，於西元七百三十四年攫取了宰相職位。當時，同位宰相的還有張九齡和裴耀卿。

張、裴二人的才華遠在李林甫之上，李林甫為了獨攬大權，他把精力都花在了恭維唐玄宗上。每當張、裴二人對皇上的建議提出異議時，李林甫就私下迎合皇帝的想法，因此唐玄宗十分高興，漸漸地對李林甫深信不疑，對張、裴二人不再重用，直至最後徹底罷免宰相之職。李林甫終於如願以償的獨攬了大權，此後更加極力地用美言迷惑唐玄宗，壓制朝廷中賢臣，最終導致朝廷腐敗，引發了著名的「安史之亂」。

「美言」害人不淺，對於皇帝是如此，對於我們現實中的每個人來說更是如此。如果你不能明確的區分真誠的讚美和阿諛的奉承，那麼你就很容易在美言中迷失方向，迷失自己。

真正的朋友，是那個你犯了錯誤他敢於批評你的人，是那個時時刻刻能夠看到你的不足之處，然後為你提出建議的人。所以，不要因為朋友說了你不愛聽的話，就感到不滿，能夠批評你的人，是因為他不希望你再次犯同樣的錯誤；能夠為你提出建議的人，是因為他希望你能夠越來越完美。對於這樣的朋友，我們應該加倍的珍惜，而不是避而遠之。尤其是那些敢當面罵你的，不要記恨，而是應該去感謝，而這一點不是誰都可以做到的，但是林肯（Abraham Lincoln）做到了。

開創了美國不朽基業的林肯曾經被人罵過「笨蛋」，但是林肯卻沒有因此而生氣，而是把那個人當作是自己的好朋友來對待。

這個罵林肯是「笨蛋」的人是愛德華．史丹唐。一次，林肯簽發了一項命令，要調動愛德華．史丹唐的軍隊去執行某項任務。可是愛德華．史丹唐認為林肯的行為是為了取悅政客，於是他拒絕執行此次任務，而且說簽發這個命令的人一定是個笨蛋。

這話傳到林肯的耳朵裡，林肯說：「既然說我是笨蛋，那肯定是我有問題，他向來是一個公平的人。」於是林肯親自找到了愛德華．史丹唐，要求他談談自己的看法。愛德華．史丹唐仔細地分析了這項命令的不妥之處，並斷言執行後會給國家和總統本人帶來危害，然後還給林肯提出了一些很好的建議。

林肯聽後，意識到自己確實是簽發了錯誤的命令，連忙收回了成命。並向愛德華．史丹唐真誠地道謝。

一般情況下，一個真誠的朋友對你的批評都是你有好處的，聰明的人會把這些批評視為是無價之寶，認真保存，並以此作為自己進步的尺規。有句話說的好：「最難得的是朋友的批評，最可怕的是敵人的讚美。」但凡是成功的人士，都是虛心接受別人批評的人，否則是不可能進步的。

【進取之道】

對於朋友的批評之辭，不要急於反駁，也不要懷恨在心，應該做到是認真反思，有則改之，無則加勉；對於朋友的讚美之辭，你更要認真地想一想，自己是否名副其實。

朋友是自己的一面鏡子

我們常說：看一個人是怎樣的，就看他身邊的朋友。的確是這樣，我們身邊的朋友是什麼樣子，我們就是什麼樣子，因為朋友是我們的一面鏡子。

在《伊索寓言》中有一個關於驢子的故事：

一個人到市集上去買騾子，他挑中了一頭看起來比較健壯的騾子，賣主不停地誇讚這頭騾子是多麼的能幹，這人說：「能不能幹我自然會知道。」然後又說道：「如果這是一頭好吃懶做的騾子，我可要退還給你。」

賣主心想：他肯定看不出來，等他看出來的時候我早就回家了，於是就爽快地答應了。

這個人就把騾子牽回自己的家中，然後把牠和其它的騾子安排在了一起，讓牠自己去尋找夥伴。只見那頭騾子在騾子群中轉了一圈又一圈，然後站在了一隻平時不幹活只知道吃的騾子旁邊。這個人見狀，立刻牽起這頭騾子回到了市集上，還給了賣主。

賣主很好奇地問他：「你怎麼知道這頭騾子牠好吃懶做呢？」

這人就把自己鑑別的方法告訴了賣主。

賣主有些不相信：「你這個方法可靠嗎？」

這人說：「不必懷疑！以我的經驗，自己是什麼樣，就會選擇什麼樣的朋友。」

這就說明，朋友是我們的一面鏡子。但是人類和驢子是不一樣的，人類能夠把朋友當作鏡子的同時審視自己，哪裡是優點，哪裡是缺點，然後從朋友的身上我們能更好地認清自己，所以要利用好朋友這面鏡子，來發現我們自己身上存在的不足之處。我們每個人，或多或少都會有些朋友。有多少個朋友，就有多少面鏡子。

前幾天在肯德基，看到隔壁桌有兩個男孩，他們穿著一樣的衣服，手裡拿著一樣的漢堡，就連吃東西的神情都是一樣的，我身邊的朋友笑著說：「你看他們兩個人就像是在照鏡子。」

我看了看朋友，我們已經有十多年的友情了，看著她就像是在看自己一樣，我們之間又何嘗不是對方的鏡子呢？看到對方穿漂亮的衣服，自己也會想去買；看到對方傷心，自己的心情也會低落；更主要的是，在對方身上發現了自己所沒有的長處，自己也會去努力進取。這就是朋友吧，互相做對方的鏡子，讓對方看到自己的優點和缺點。唐朝的李世民就善於把自己身邊的人作為自己的鏡子。

唐太宗李世民是一代明君，他之所以能把國家治理得國泰民安，是因為在他身邊有一群賢臣，他早晚與賢臣相伴，討論國家大事，還把魏徵視為自己的一面明鏡，久而久之，他便成了一代明君，被萬人擁戴。

魏徵死後，唐太宗說道：「以銅為鏡，可以正衣冠，以史為鏡，可以知興衰，以人為鏡，可以知得失。我經常保持著這三面鏡子，現在魏徵去世了，我少了一面鏡子。」

當我們以那些優秀、勤奮，頗有成就的朋友作鏡子，可以學習他們的品德、風範，提高自己的思想境界；可以從他們的奮鬥歷程中受到鼓舞和啟發，增強自己對人生、對生活的信心；可以借鑑他們的成功經驗，運用於自己正在進行的事業和工作實踐。

「以友為鏡」，我們能夠知道與朋友的差距，毛病是什麼，原因在哪裡，如何克服，如何努力。鏡子中的朋友，就是我們的「參照物」就是我們學習的楷模，就是我們追趕的目標。比如，當我們身邊出現優秀的朋友時，我們就會時時鞭策自己，向他們學習，向他們看齊；當我們身邊出現一些不那麼優秀，甚至是惡劣的朋友時，他們的失敗反而會成為我們借鑑之處，當我們遇到他們所犯的錯誤時就能夠避免了。所以說「鏡子」的作用是不可小覷的。這也是為什麼英雄人物都想給自己找一個對手的原因，其實他們是想給自己找一面「鏡子」。

你把朋友當鏡子，朋友也會把你當鏡子。這就要求我們個人要光明磊落，為人正派，注意平時的言語、行為舉止。誰也不願意以蓬頭垢面的形象出現在大家的面前，這樣總歸是失禮的，誰不想只讓朋友看到自己整潔、燦爛的一面呢？「以友為鏡」，實際上具有約束作用，「鏡子」在朋友手裡，壓力卻在我們身上。因為有壓力，所以我們才有進取的動力，時刻提醒自己凡事認真謹慎，不可掉以輕心！

【進取之道】

照鏡子原本是女人的專利，但是余光中老先生告訴我們，「以友為鏡」，經常對照，男人女人都需要，與性別無關。

距離讓友情更美麗

朋友間的交往，往往是一個彼此吸引的過程。但是無論是再怎麼吸引，兩個人之間還是存在差異的，一旦這種差異被發覺，兩人之間就會由原來的相互欣賞，到相互容忍，然後就會試圖去改變對方。當對方不願意就此改變的時候，往往矛盾就產生了。其實，在朋友之間，保留一些適當的距離，就好像兩棵生長在一起的樹一樣，只有留出一定的距離，才能更好得進行光和作用，更好得生長。

樹林裡有兩顆小樹。當它們還是種子埋在地底下的時候，它們就成為了好朋友。它們約定要做一輩子的好朋友。

春天來到時候，它們發芽了。因為關係要好，它們靠的很近，一同沐浴陽光，一同分享雨露。漸漸地，它們長大了，樹枝都重疊在一起。這時候，它們不再像以前一樣和睦了，因為它們總是被對方影響，導致對方不能夠吸收到足夠的水分和陽光。整片森林裡，它們兩個是長得最矮小的樹。

其實朋友之間就是如此，不是距離越近，就越有利於友情的發展。只有掌握好了彼此之間的距離，才能夠既守護對方，又不會影響到對方。叔本華（Arthur Schopenhauer）曾對朋友之間有過這樣的描述：人和人之間，就像是寒夜裡的刺蝟，因為太冷了想靠在一起取暖，但是距離太近了，又會被彼此身上的刺扎痛，所以總是處在兩難的境地，試圖找到最合適的距離。

大家應該都有過這樣的經歷：當一個陌生人緊挨著你坐下的時候，你會不自覺地把身體往旁邊移動一下。這樣的行為或許會引起別人的尷尬，但是卻很好的說明了每個人都需要有一定的私人空間。即使是再好的朋友，都不要去侵犯別人的私人空間，因為沒有人願意把自己赤裸裸地暴露在日光燈下。

我曾親眼目睹一對好到快成一個人的好朋友最後反目成仇。

那是上大學的時候，寢室裡婷和娟的關係最要好。她們性格相似，愛好相似，不管是上課，還是去餐廳都形影不離，常常熄燈很久了，還能聽到她們躲在一個被窩裡面竊竊私語的聲音。

可是這樣的好關係卻沒有維持多久。原因就在於，追求婷的男孩子很多，而婷又把

第五章　君子之交淡如水

握不好和他們之間相處的界線，和每一個的關係都很曖昧。婷的行為讓娟看不下去，娟不只一次的勸說婷要檢點一些。可是婷卻不以為然，次數多了，婷就不高興了，她忽然覺得曾經自己以為的好朋友，並不是那麼了解自己，逐漸疏遠了和娟的關係。娟看著好朋友把自己的好心當成了壞心眼，心裡很不愉快，只要是婷不在寢室的時候，娟就向大家議論婷和男生約會的行為多麼的不恰當，大有一副恨鐵不成鋼的架勢。一次，娟又喋喋不休地說起來，恰巧被突然回來的婷撞見，兩人為此大吵了一架，再也不承認對方是自己的好朋友了。

真正的朋友，不是以友情的名義步步緊逼，給對方的生活上枷鎖。而是應該尊重對方，給對方留下足夠的生存空間。就像貝多芬（Ludwig van Beethoven）和舒伯特（Franz Seraphicus Peter Schubert）之間那樣。

貝多芬和舒伯特都生活在維也納長達三十年之久，但是這兩位世界頂級的音樂家卻從來沒有見過面。因為舒伯特知道貝多芬是一個生性孤僻的人，所以不願意貿然造訪，即便是獻上了自己的曲子，也未曾露過面。

然而，當貝多芬處於生命的彌留之際時，卻要人找來了舒伯特，對舒伯特說：「我的靈魂是屬於舒伯特的。」第二年，舒伯特去世後葬在了貝多芬的墓旁。這對生前只見過一面的好朋友，死後卻朝夕相伴在一起。

每一個知道他們之間友情的人，都會被他們之間清淡如水的友情所感動。真正的朋友就是如此吧，不曾相見，不代表友誼不存在。朋友之間了解對方，幫助對方，關心對方，卻不見得要知道對方的多少祕密，多少不為人知的習慣。這樣的友情，似乎會因為距離而疏遠感情，實質上卻是以為有了適當的距離而給心靈留下了呼吸氧氣的空間。

【進取之道】

對於朋友，不能太過於親密，否則對方會覺得壓力很大，會被你的親密壓得喘不過氣，保持一個適當的距離，才能讓你們的友情時刻充滿新鮮，才能更長久。

第五章　君子之交淡如水

第六章　感謝生命中的那些人

感謝我們的父母，因為是他們把我們帶到這個五彩繽紛的人間；感謝我們的孩子，因為是他們讓我們成為生命的捏塑師；感謝我們的配偶，因為他是唯一最有可能陪我們走完人生旅程的人；感謝一切出現在我們生命中的人，因為是他們為我們的生命描上了色彩。

讀懂父母的寂寞

這個世界上，有一種愛，亙古綿長，無私無求；不因季節更替。不因名利沉浮，這就是父母的愛。可是作為兒女的我們，又有幾個人能夠讀懂父母親的那份愛呢？做一道測試題你就能明白了。

某高中的語文老師在上第一堂課的時候沒有講課，反而出了一道選擇題來讓學生做。題目是這樣的。

他說他是這個世界上最愛她的人。可是有天她遭遇了車禍，臉上留下了深深的疤痕。請問他還會像以前一樣愛她嗎？A、他一定會B、他一定不會C、他可能會

她說這個世界上再也沒有誰會比她更愛他。可是有一天，他破產了。請問，她還會像以前一樣愛他嗎？A、她一定會B、她一定不會C、她可能會

答案出來後，第一題有百分之十的同學選A，百分之十的同學選B，百分之八十的同學選C。第二題，百分之三十的同學選了A，百分之三十的同學選B，百分之四十的同學選C。

教授看了學生的答案，笑著說：「你們的是在潛意識裡把選題中的男女當成是情侶關係了吧？」

「是啊。」學生們不約而同地回答。

「那現在我來假設一下。如果，第一題中的『他』是『她』的父親，第二題中的『她』是『他』的母親。你們把這兩道題重新做一遍。教室裡忽然變得非常安靜，一張張年輕的面龐變得凝重而深沉。幾分鐘後，答案出來了，兩道題同學們百分之百地都選了A。

「同學們，」教授的語調深沉而動情，「現在我告訴你們這道選擇題的名字叫做『誰是這個世界上永遠愛你的人』。」

當你看到這道題的時候，一定也會認為他們是情侶關係，說到愛，我們第一個想到的是「愛情」，其實能夠永遠愛我們的是我們的父母。假如我們現在二十五歲已經離開父母身邊，我們父母現在是五十歲。假如我們每天為父母祈禱，保佑他們可以活到一百歲。我們一年回家五次，五十年就是兩百五十次。也就是說，我們還有兩百五十次見到父母的機會。

其實，父母不像是我們想像得那麼健康，那麼長壽，我們一點點長大，他們在一點點衰老。記得上國中時的第一堂國文課，國文老師在黑板上工整的寫下了一行字「樹欲靜而風不止，子欲養而親不待也」。意思就是叫我們不要等到父母都不在了，才想到要去孝順父母，要趁著父母還健在的時候盡我們的孝心。

朋友上高中住校，每次打電話回家都是要錢，要五百元，父母總是會在她要的基礎上多給她兩百。因為她父母說女孩子在外不能缺錢，要不容易受到金錢的誘惑。

上了大一，因為剛離開家，她打回家裡說不習慣。三個字讓母親徹夜未眠，淚流了一晚，後悔不該讓她到離家遠的地方上學。大二大三的時候習慣了，交了男朋友，很少打電話回家，父母讓她多打電話回來，她嘴上答應了，卻沒有付諸行動。快畢業了她才知道，母親因為心臟病住了好久的醫院，昏迷的時候嘴裡還唸著她的名字。

再後來她工作了，常常打電話回家，有時候母親在和鄰居聊天說不了幾句就掛了，她以為父母終於放心她了，直到又一次出差她忘記打電話給父母，第二天再打時，才響了一聲，電話就被接起，然後就急忙問她是不是生病了，怎麼沒有打電話回家。過年回家的時候，她感覺到父母明顯的老了，父親甚至有時候開始糊塗，連自己吃過什麼飯都不記得……說到這裡她已經淚流滿面了。

有誰能像父母一樣，一樣不差的記得我們愛吃的東西，然後在我們回家的那幾天變著花樣做給我們吃；有誰能像父母一樣，關注著自己所在城市的天氣預報，自己還沒出門就囑咐自己記得出門帶傘；又有誰能像父母一樣，清楚地記得我們害怕什麼，對什麼過敏，什麼時候過生日，有什麼壞習慣，然後一次又一次不厭其煩的提醒我們呢？

也許你現在的工作很忙，也許你已經成為了別人的父母，也許你正沉浸在戀愛中無法自拔。這個時候請你抽出你的一點點時間打電話給父母，也許是簡單的幾句問候，也許是簡單的報個平安，也許僅僅是簡單的幾句家常，這對父母來說卻是一種莫大的幸福。

【進取之道】

如果說人這一生最大的財富是什麼，我覺得不是金錢，也不是知識，也不是地位，而是我們的父母以及他們對兒女那份無私的愛。

用幸福捍衛婚姻

說到婚姻，人們自然會想起錢鍾書先生的「圍城論」。在那個年代，婚姻是圍城的說法還是比較貼切的，因為那時離婚這樣的事情可以稱作是大逆不道了。

如今社會，出得了廳堂，進得了廚房，不再是針對女人的標準，在男人同樣也適用的現狀下，婚姻如果是圍城，恐怕也被人們拆的七零八落了。而我身邊有一個人，她用自己的方式把自己的婚姻經營地有聲有色。

大學的同學聚會上，班上有名的「萬事通」故作神祕地問大家，你們知道賈曉琳嫁給誰了嗎？賈曉琳？大家似乎忘記了這個名字，環顧了下四周，似乎也沒有人意識到問題已經轉移到了自己身上，估計是沒有來的人。

「就是那個身高不高，但皮膚挺白，不愛說話，學習也不怎麼樣的女孩。」聽完她的描述，大家心裡大約出來個輪廓。看大家差不多都想起來了，她開始繼續她的演說。「賈曉琳嫁給了一大老闆，聽說還是博士學位呢！」「是嗎？……」人群開始議論開了，都表示很驚奇，想當年的校花恐怕也沒她嫁的好吧。

我坐在人群中不再言語，他們怎麼能知道，在這小三，二奶橫行的年代裡，賈曉琳是靠怎樣的努力來維持自己的婚姻的。可是當事人不在，她去尼泊爾度假了，聽說還是她自行組織的一些「旅伴」，沒有跟旅行團。她恐怕是我們這些女生裡面活的最愜意的一個了吧。

聚會結束沒幾天，我接到了賈曉琳打來的電話，約我去咖啡館一坐，彌補一下沒有參加同學聚會的遺憾。我去的時候她已經等在那裡了，聊著聊著就說起了大家都很關心的她的「富太太」生活，她微微一笑，說道：「幾年前，我也想過離婚。那時候我懷著孩子，而他整天不見蹤影，晚上都要到半夜才回來。我常常向我媽哭訴。我媽是個比較傳統的女人，她和我說，好女不嫁二夫，我們那麼苦的日子都過來了，難道就眼前這點事就過不下去了嗎？從那天開始，我媽每天來照顧我。他依舊是那麼晚回來，只是我不再等他，也不再終日抱怨。白天我就參加一些關於教育孩子的講座，晚上的時候看看書，對肚子裡的孩子進行一下胎教。偶爾他有時間還會攙扶著我去散步。日子又回到了我們以前快樂的時光。再後來我們買了房，新房也沒怎麼裝修就搬進去了。為了讓家裡更有家的感覺，我就自己開始裝飾，我從市場買來人家不要的剩餘材料，做成各種飾物擺在不同的角落，每天他回來都有不同的驚喜。他說我的手是魔術師的手，每天下班都想趕快回來看看我又變出了什麼。呵呵……」

說到這裡賈曉琳笑地很開心，她用她的一雙手創造了一個溫暖的家，這難道不是一件值得自豪的事情嗎？我當即表明回家也要把家裡改造一番。她笑著說僅僅是這樣還是不夠的，原來，他老公生意做大以後，也碰到了別的女人主動示好的事情。她老公沒有和她說她也就沒有問，各種版本的流言蜚語傳到她的耳朵裡，她就當沒有聽見。只是她開始改變自己，讓自己更完美。她參加了瑜伽班，烹飪班，每天都能做出不同口味的菜肴，看著老公吃的狼吞虎嚥，她覺得特別幸福。她還自學英語，在網路上和老外磕磕巴巴的聊天，後來還迷上了旅遊。她變得越來越有活力，越來越知性。後來那些傳聞不知不覺中就消散了。現在一家三口和樂融融，羨煞旁人。

賈曉琳用自己的方式捍衛了這段婚姻，她的方式就是幸福。我想如果當時她像其他女人一樣一哭二鬧三上吊，恐怕她老公早已投入別的女人的溫柔鄉了。

在婚姻關係中，一個好女人可以成就一個男人，撐起一個家庭。所以，想要讓自己的婚姻幸福，首先要做一個幸福的女人。當「圍城」不在時，指責、抱怨、吵鬧是無法挽救你的婚姻的。愚蠢的女人只會向男人索要幸福。而聰明的女人，會自己製造幸福，然後給男人幸福，從而挽救自己的婚姻。

【進取之道】

婚姻中的危機，你把它看作危機，它就能毀了你的幸福，你若把它看作轉機，它會讓你重拾幸福。

容忍不是犧牲

能夠在一起的兩個人，往往是因為相互愛慕，相互欣賞。但是這份愛慕和欣賞，對於很多現實中的男女來說，總是經不住時間的洗滌，時間久了，曾經的溫情就會被爭執所代替。越來越多的爭執成了婚姻破裂的導火線，許多人感到無奈，卻也不知道如何是好。其實，只要你能夠對另一半多一些寬容，你會發現，原來解決矛盾是這樣輕而易舉。只是很多人都會認為容忍是一種犧牲。

朋友向我抱怨自己的丈夫，結婚一年多了，她的丈夫仍然和前女友保持著密切的聯繫。丈夫這樣「精神背叛」，讓朋友忍無可忍，他們戀愛時的甜蜜，新婚時的美滿，此刻都掉進了「冰窖裡」一點一點被冷卻掉。她想離婚，可是又捨不得這些年來付出的感情，所以就一直這樣拖著，丈夫的一點小錯誤都會讓她勃然大怒，吵架成了家常便飯，冷戰也是隔三差五。我勸朋友，讓她放寬心，既然還有感情就應該試著去諒解他。可是朋友並沒有聽我話，她說她不能做那個婚姻中的弱者，否則這輩子都會被壓的抬不起頭來。

像我朋友這樣終日抱怨，美滿的婚姻也會變得不美滿。亦舒說過：「世上本沒有美滿的婚姻，只看當事人能夠容忍到什麼程度。」不要以為容忍就是犧牲，容忍換來的是婚姻的美滿。而我們每一個人所追求的，不就是美滿的婚姻嗎？可是美滿的婚姻，不是說得到就能得到的。各式各樣的考驗，各種各樣的摩擦都會隨著時間的增加而日益顯露。如果雙方懂得在摩擦來臨時，忍耐上幾分鐘，甚至幾秒中，你就會發現，美滿的婚姻，是來自於兩個人之間相互的包容，相互的忍讓的。

每一段婚姻中都有一個天使，而這個天使，就是在發生矛盾時，選擇容忍對方的那個人。你是否願意做你的婚姻中的那個天使呢？我很喜歡的一個女作家六六，她對婚姻感悟很透徹。

六六和她的丈夫是相親認識的，兩個人對對方都很有好感，沒多久就結婚了。婚後的婚姻是幸福的，可是漸漸的她發現了丈夫的一個祕密。原來在認識自己之前，丈夫有一個所謂的紅顏知己，兩人經常書信來往，而且還有一個約定，每隔幾年，兩個人都要選一個城市見面。

剛開始的時候，她沒有在意，朋友而已，不會影響他們的婚姻。轉眼間又到了丈夫和紅顏知己的約定時間，在出發的前一天，丈夫和她說，公司要他去出差。她明知道丈夫是騙她的，但是並沒有明說。對於丈夫的隱瞞，她心裡雖然不開心，但是也沒有表現出來，而是幫丈夫收拾好行李，就像丈夫真的要去出差一樣，囑咐他要注意安全等等。第二天，她還親自送丈夫去了車站。

回到家的六六被公婆訓斥了一頓，說她不會拴住自己的老公。原來丈夫的事情，兩位老人都已經知道了。她沒有反駁公婆，而是說自己心裡有數，因為她知道，如果一個男人要跑，拴是拴不住的。三天後，她的丈夫回來了，還給她帶了禮物。晚上睡覺前，老公終於忍不住了，一五一十地把實情告訴了她，為了讓她相信自己，她老公把吃飯的發票，住旅館的發票，所有的消費證明拿給她看。第二年約會的日子到了，六六的丈夫是帶著她一起去的，當她生下孩子以後，再也沒有什麼所謂的約會了。

大多數女人不能夠容忍的事情，六六做到了，她就是他們婚姻當中的天使，所以她的婚姻幸福得讓每個人都羨慕。女人，不要以為自己是女人就可以無休止地要求男人來嬌縱你，容忍你，再大度的男人，也有忍耐的底線；男人，不要認為自己是個大男人，就理所應當地讓女人用無限的溫柔來軟化你，再溫柔的女人，也會有強悍的一面。容忍要是雙方的付出，這樣的容忍才不是犧牲，才能夠換來曾經的甜蜜與幸福。

【進取之道】

為了愛而忍耐，就像是泡茶時，等著茶葉落入杯底的過程，會慢慢地散發出茶葉的清香，才能夠品味到茶水甘醇。守住自己如茶的婚姻，雖然平淡，卻是溫馨。

重拾你的信任

如果說婚姻是一棟房子，那麼責任是房梁，橫穿時間的始末；關懷是牆壁，無論是嚴寒酷暑，都把你攏在溫暖的懷中；呵護是屋頂，狂風、嚴霜、雨雪統統被擋在外面；溫情是爐火，它使屋內四季如春，舒適宜人；理解是門窗；而最終的基石就是信任，它直達心靈的深處，毫不動搖的承受著一切。但是如果基石不穩固，這終究是一座危房。

十大悲劇之一《奧賽羅》中的男主角，因為發現自己第一次送給妻子的禮物在另一個男子的屋裡，便斷定妻子是「人盡可夫的娼婦」，於是在讒言的挑撥下，猜疑之火遮蔽雙眼，憤怒中親手殺死美麗、貞潔的妻子苔絲狄蒙娜。

現實生活中，奧賽羅似的悲劇也不時在我們身邊重演。當你無法信任你的配偶時，你的自我意識所帶來的負面影響是很慘的。當夫妻間的一方懷疑另一方的忠誠度時，就會感到沒有安全感，同時會做出不友好的舉動，而這只會將愛你的人推開。

楊旭和陳秀的婚姻，不被他們的身邊的人看好。因為楊旭太優秀了，無論是長相還是工作，而陳秀則遜色許多。於是，從結婚那天起，陳秀的心裡就埋下了一個炸彈，她怕自己的好老公會被別人搶去。沒過多久，他們的女兒就出生了，陳秀託熟人找了一個保姆，這個保姆二十出頭，為人老實勤快。

一次陳秀出差回來，夫妻倆久別勝新婚，正想要親熱之際，陳秀發現放在床頭櫃裡的保險套少了一個，陳秀就一下子沒有了熱情。她深知楊旭不會看上小保姆，肯定另有其人。第二天陳秀趁楊旭上班之際，問保姆在她出差這幾天家裡有什麼人來過。小保姆開始支支吾吾地不肯說，陳秀看出小保姆想要隱瞞什麼，於是進一步問道：「楊旭帶什麼人回來過。」這時小保姆才開始說，就在陳秀出差的這幾天裡，楊旭帶了三個同事來家裡吃過飯，其中有兩個是女的。聽完小保姆的話，陳秀斷定，自己的丈夫一定和其中的一位女同事發生關係。

晚上，陳秀便質問丈夫，同時保險套少了一個的事抖了出來。沒想到楊旭說：「我也不知為什麼會少一個，但我可以發誓，我絕對沒有做對不起你的事。我真要背叛你，會如此招搖地在家裡亂來嗎？」聽到丈夫這樣為自己辯解，陳秀也不知道該說什麼了。

但是從這以後，她就處處提防丈夫。這樣的做法讓楊旭在同事和朋友面前很抬不起頭來，如果不是為了女兒，楊旭甚至都有離婚的念頭。一次，女兒病了，碰巧那天楊旭要接待一個客戶，陳秀認為楊旭一定是見情人去了，不然不會不管自己的女兒，況且在星期日怎麼會有客戶。於是她把女兒託付給保姆，就悄悄尾隨楊旭去了。匆忙中，她忘記了給小保姆錢。正巧那天楊旭接待的一位女客戶，而且打扮時髦。這時，陳秀的電話響了起來，她想都不想就掛斷了，因為她看見楊旭和那個女客戶進了賓館。怒火中燒的她也跟了進去，準備「現場捉姦」。結果沒想到的是，他們卻進了賓館的咖啡廳，咖啡廳內有楊旭的兩位上司在等候。

正當陳秀準備離開之際，楊旭匆匆忙忙地從裡面走了出來，一下子就撞見了正在外面窺探的陳秀。原來，保姆沒有錢，醫院不給辦理治療手續。她打陳秀的電話沒有人接，才找楊旭。最後，因為延誤了治療，女兒落下了終身的殘疾。

女兒出院後，楊旭堅決和陳秀辦理了離婚。這時候，小保姆覺得自己再也沒辦法隱瞞了，原來那個保險套是她偷偷拿去用了，當初沒說是怕主人怪罪她往家裡帶男人，沒想到卻成為了他們夫妻之間的導火線。

知道了一切的陳秀求楊旭原諒，但是楊旭拒絕了。

如果陳秀能夠對丈夫多一點的信任，也不至於發展成如此的境地，他們婚姻的悲劇，一切都是陳秀的不信任造成的。

做一個聰明的女人，時刻不忘提升自己的價值，才會令男人對你的信任不打任何折扣。你的溫柔似水，你的知書達禮，你的聰穎賢慧，怎麼可能拴不住一個男人的心呢？做一個自信的男人，讓你的胸懷比天空更廣闊。這樣的你彬彬有禮，寬容大度，沒有女人不願意在你的天空下飛翔的。讓你們的婚姻建立在相互信任的基礎之上，信任就會成為一根牽著心的線，讓婚姻更牢固，更幸福。

【進取之道】

在信任的基礎上建立起來的婚姻，夫妻之間應該將心比心，就是要站在對方的位置上，從對方的角度去看問題。這點雖然很難做到，然而這一點卻是保持長久信任所必不可少的。

溫柔地原諒

當你討厭一個人，或是憎恨一個人的時候，你會發現，每次見到他，你的心裡都有一團怒火，就算之前你有很高昂的情緒，也會隨著那個人的到來而被破壞。

討厭和憎恨，是要投入憤怒、痛苦、時間、精力等一系列不美好的情感，這些情感會嚴重影響到你的心情，而這對於你討厭或是憎恨的人來說，他們並沒有什麼損失。所以說，原諒別人也是對自己的一種釋放。生活中，我們對陌生人常常都能做到原諒。

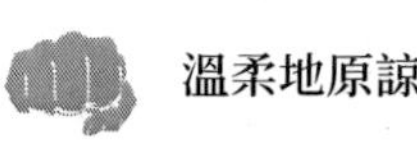

一個人在外地經商，幾年都沒有回家了。一天他收到妻子的來信，信上說她在家被鄰居欺負，要他回家做主。然後還寫了事情的原委。他們的鄰居蓋新房，看他常年不在家，只留下一個女人和一個孩子，認為好欺負。就在自家原有的基礎上擴建了一米，這樣他家門前的街道就窄了。

這個人看完信，並沒有著急回家，而是給妻子回了一封信，信上說：「這麼遠寫一封信，就只為了一米多寬的院牆，讓他占了又有什麼呢？」妻子收到他的信後，明白了丈夫的心思。於是主動退讓，鄰居知道了信的內容，覺得自己太過分了，於是又把牆修回了原來的位置。

在人生的道路上，總是不可避免地遇到人際間的摩擦、誤解和恩怨，和陌生人、朋友之間是如此，和自己的家人之間也是如此。如果你不能做到去原諒別人，你的生活只會是如負重登山，舉步維艱，直至把未來的路堵死。相反，如果你選擇了原諒他人的過錯，你就可以繼續你的幸福之路，慢慢地就會把曾經記恨的東西忘掉。這對我們來說何嘗不是一種自我解脫呢？

雨果（Victor Hugo）說：在這個世界上，最寬闊的是海洋，比海洋寬闊的是天空，比天空寬闊的是人的胸懷。原諒一個人的錯誤，是胸懷寬闊的表現，是值得受稱讚的美德。可是在生活中，我們往往能夠做到對陌生人的原諒，卻對自己家人所犯過的錯誤耿耿於懷。

劉邦平定天下之後，大封功臣。他手下的大臣，以前對他有恩的人，甚至他的仇人都封了王。唯獨自己的親侄子，沒有任何官位。劉邦的父親替孫子打抱不平，拄著拐杖來質問他，說：「為什麼你的仇人你都封了王，就是不封你的侄子呢？」

劉邦聽了，回答說：「我侄子這孩子不錯，就是他媽媽不怎麼樣。」

原來劉邦年輕時，一直在家裡遊手好閒，只知道向父親、哥哥要錢，就相當於現在的「無業遊民」。有一天，劉邦又去他哥哥家蹭飯吃，他嫂子很生氣，於是敲著鍋對他說：「沒有飯了。」

劉邦知道嫂子是在騙他，來之前他就趴著門縫看見嫂子剛剛做好了一鍋飯。從那以後劉邦就憎恨起了嫂子。現在又把這種仇恨傳遞到了自己侄子的身上。

劉邦的父親聽了以後，教訓劉邦說：「你的那些仇人，當初個個都是想害你性命的，這些人你都能原諒了。為什麼為了一口飯，你就一直耿耿於懷呢？」

劉邦回答：「這件事對我傷害太大了，直到現在想起來，我的心還痛呢！」

連自己的仇人都可以原諒，卻偏偏不能原諒自己的親人。古語云：「親人恩容易忘，親人仇仇上仇」。這是因為我們對自己的親人付出的感情要比仇人來得多，當受到來自親人的傷害時，也要比仇人的傷害來得更深。

劉邦不能原諒自己的侄子，是因為他的心中曾深深愛著他的親人，而親人卻傷害了他，所以無法原諒他們對自己的傷害。既然是因為愛，那為什麼還要讓仇恨來侵蝕我們的親情呢？我們對外人謹言慎行、小心翼翼，但對親人卻敏感易怒。在外面壓力大了，對著最親的人發脾氣。於是，漸漸的，越是親近的人，越是變得面目可憎，外人倒愈加顯得親近貼心起來。在外面越來越順，於是就更加埋怨起身邊人的種種錯處來。當一切煙消雲散，親人紛紛離開自己時，回頭反思，怎麼後悔都來不及了。原諒別人，不光是要原諒曾經傷害你的人，更要原諒自己的親人，不要因為他們是你最親的人，就覺得更應該對你千般萬般的好。這樣的前提是，你自己首先是一個懂得寬容的人。

學會原諒我們身邊的人，尤其是我們的家人，這樣我們才能令我們的家庭更加幸福，即使「月亮臉上也長滿雀斑」，我們又何必去計較別人的過錯呢？對自己的家人寬容，就等於寬容自己。

【進取之道】

有人說：要有多勇敢才會對別人犯下的錯誤念念不忘？是啊，怨恨需要付出的代價太大了，首先就是我們的快樂。這樣的代價，我們是支付不起的，不如選擇去遺忘。

愛要勇敢說出口

「愛」是一個抽象的詞，是人類最複雜，也是最偉大的情感。但是這種情感往往會因為缺乏正確的表達方式而引起曲解，或者是得不到別人的肯定，甚至在你自己心裡愛到洪水都氾濫了，對方依然沒有任何感覺。所以，如果愛，那就要說出來，就要把自己的感情表達出來；不說，那麼你愛的人怎麼知道你的感受呢？家人之間，尤其是父母和孩子之間，有愛就要說出來。

記得剛上國中的時候，學校舉辦過一次活動，參加者就是學生和學生的家長。在這個活動之前，每個老師都給學生安排了一篇作文，題目是「爸爸（媽媽），我愛你」，要求內容真實。因為是寫作文，同學們都把自己內心深處對父母的愛表達了出來。

作文寫好以後，老師看過之後並沒有批改，而是讓學生把作文帶到了活動的現場。要求每個學生都上台把自己作文唸給台下的父母聽。第一個學生上去了，對著從未開口說過「我愛你」的父母面前。這個學生不好意思了，在老師的一再鼓勵下，他才緩緩地唸了起來。

唸完後，老師讓這個孩子的家長上台發表感言，這位家長說，自己只知道自己有多愛孩子，沒想到，自己在孩子心裡那麼重要。說完，竟感動地掉下了眼淚。

那個活動最終成為了一顆「催淚彈」，大部分家長都被自己孩子的愛所感動。如果不說出來，家長永遠不會知道，儘管有時候孩子會不懂事，會惹他們生氣，甚至和他們吵架，但是在孩子的心中，更多的還是對父母的愛。愛，就是要說出來，留在心裡生了根，發了芽，結出再美麗的果實，也是在心裡，別人怎麼會看得到呢？在親人之間是如此，在愛人之間也是如此。如果兩個人彼此心中都有愛，但都沒有說出口，那麼就會錯過了彼此的心，錯過了彼此一世的感情，錯過了彼此的一輩子。每當小說中男女主角因為羞於表達自己的愛情而錯過時，我都會為他們感到惋惜不已。

記得當初在看《鋼鐵是怎樣煉成的》的時候，很為保爾．柯察金和麗達之間錯過的愛而惋惜。保爾悄悄地愛著麗達，但是他認為自己配不上麗達，就把愛情的種子埋在了心裡，希望有朝一日能夠讓這份愛表達出來。當有一天，保爾看到麗達和一個男人熱情地擁抱在一起時，他傷心地離開了。在一次戰役中，保爾受了重傷，麗達以為保爾死了，於是選擇了嫁給別人。很多年後，兩人再次相遇，保爾才知道，當初和麗達擁抱的是麗達的親哥哥。而他的愛，顯然已經表達的太遲了。

既然愛了，為什麼不讓對方知道？不要把愛埋藏於心底，就算你不擅長表達，但至少也要讓你心愛的人知道你喜歡他（她）！說出口，還有一半的機會，如果不說，就連這百分之五十的機會也沒了，該出口時就出口，不要因為一時的膽怯而悔恨終生啊！至於結果，不重要。相對於保爾，列寧就用他的勇敢得到了自己的愛情。

當列寧愛上美麗的克魯普斯卡婭時，就直截了當地對她說：「請做我的妻子吧！」克魯普斯卡婭一直愛慕列寧，聽到列寧這樣直白的示愛，當然更加無法抗拒地接受了列寧。列寧毫不掩飾的愛意，誠摯而打動人心，讓克魯普斯卡婭看到了他那顆忠誠的心。

真正的遺憾，是不曾爭取過，把心中的愛勇敢地說出口吧，不要等到走過了，才後悔有些話因不敢說而藏在心底，而今只能遠遠地看著。有些感情一旦錯過了就像海洋裡的水不知漂向了何方，錯過的東西永遠都是人們遺憾、憧憬、所祈求的。

【進取之道】

把愛說出口，這樣才對得起自己。人生無常，學會珍惜，學會把愛說出口，是我們一生的功課，這樣才會少一些遺憾。

相互欣賞是愛情的「保鮮膜」

生活就是一首交響樂，要想敲打出動聽的音樂，可不是想像中那麼簡單，那是一首很難演奏好的音樂，只有會欣賞它的人是用心去聆聽，並用善意的批評提出自己的見解，才能讓音樂不斷得到完善。

相互欣賞是愛情的「保鮮膜」

常聽到身邊的朋友會這樣抱怨自己的丈夫或是妻子：結婚前他（她）多好啊！沒想到結婚以後就變成這樣！言下之意就是抱怨對方不如結婚前好了。實際上，並不是婚姻吞噬了人原有的優點，而是，在婚前婚後，看待對方的眼光發生了截然不同的變化。這時候，「愛情還在不在？婚姻還要不要繼續維持？」就成了生活的主旋律。懷著這樣的心情去對待自己的丈夫和妻子，只會讓你們的婚姻走向盡頭。

一個名叫比馬龍的雕塑師，他十分欣賞自己精心製作的愛情雕像，欣賞其每一個部位，欣賞她迷人的表情，以至於愛上了她。比馬龍懇求維納斯，請她為自己所欣賞、鍾愛的石制雕像賦予生命。最後，雕塑師和自己的作品喜結連理。

只有欣賞得深才會恩愛得深，而恩愛越深，相互欣賞的東西也就會越來越多。欣賞對方，這不取決於地位、不取決於財產、不取決於長相，因為才能有高有低，美貌也總會消逝，財富只有自己創造出來的才更有意義。欣賞對方，更主要的是取決於內在的學識、外在的修養、處事的方法、工作的能力水準，只有在這些方面不斷地提高完善充實自己，讓自己永遠成為愛人眼中站立者的形象，並不一定是對方的才貌，當然，欣賞應是多方面的，或個性溫柔，或相知相悅，或勤勞樸實，或幽默風趣……只要善於挖掘出對方的優點，夫妻之間就能相互欣賞。

一個女子和丈夫結婚快十年了。別人說她嫁了一個好丈夫，他們所說的好，是因為他不抽煙、不喝酒，更不花心。看著別人家裡整天鬧到不可開交，可是她的家庭風平浪靜。這樣她覺得生活越來越無趣。

更主要的是她看不出他的任何好處來，不過一普通男人，又矮又胖，近些年，還漸漸開始禿頭。在她的眼中，他就是一個沒有上進心的小男人，她想不通自己當年為什麼會嫁給他。於是，她提出了離婚。一向木訥的他堅決不同意。這時候，她的同事邀請她一起去遊玩，並囑咐一定要帶上她丈夫。看在同事的面子上，她同意了。

那天是週日，當她把他帶到同事面前時，同事絲毫不掩飾對他的好感，直向她誇他是個好男人。而在她看來，同事的丈夫才氣派。開著小車，高大英俊，而且還談吐幽默。見她不以為然，同事繼續說：「你看看，你們的東西都是他背在身上，你渴了他拿水給你；你熱了，他趕緊替你戴上帽子，一路上眼睛就沒離開過你的臉。」她突然就愣住了，這一切，都是他經常做的。因為經常，所以千般的好，都被她忽略了。

那天，他們到了郊區的一片山區。山不高，卻陡得很。她和同事都穿著高跟鞋，爬起山來就顯得困難重重。同事的丈夫，那個看起來風度翩翩的男人，一路上都在不停地抱怨著：「既然知道出來爬山，怎麼不換雙平底鞋？」聲音裡有很多的不耐煩。她深深地同情起同事來，再看看自己身邊的他，一直好脾氣地走在她身邊，用手扶著她，還不時看看她腳下，一邊走一邊和她說：「不急，慢點走。」

她的眼角忽然濕潤了，問道：「我究竟哪裡好，你要對我這麼好？」他似乎沒料到她突然問這樣的問題，支吾了半天才回答到：「我也說不出哪裡好，雖然你缺點挺多的，可是在我眼中就都很好。」

那次以後她再也沒有提過離婚的事。慢慢地她發現他是一個大度的男人，脾氣好，修養好，還是一個心靈手巧的男人，能用易開罐做一個「花盆」出來。她開始慶幸自己沒有一時衝動弄丟了這樣的好男人。

每個人都會羨慕她有一個這樣的老公，其實我們身邊的那個他（她）又何嘗不是這樣的呢？為什麼熱戀時候，就能夠相互欣賞，兩個人在一起總是那麼甜蜜又溫馨，結了婚以後就都變了呢？其實不是你們的愛情不在了，也不是該結束這段婚姻了，而是因為婚後的「世界」逐漸清晰，生活中的瑣事也蒙蔽了雙方相互欣賞的目光。

愛就是相互間的欣賞。只有彼此欣賞，那麼從他們身上迸發出的火花才夠強烈。你愛的人，可能在別人眼中不是最好的，但她（他）肯定有一點是最值得你稱讚的，而恰恰是這一點，才會吸引到你。所以為夫為妻，或貧或富，都要相互欣賞，只有這樣，才能給讓你們的愛情時時充滿新鮮感。

【進取之道】

欣賞的力量地神奇的。愛情的真正魅力在於相愛的人相互欣賞。人的一生，是在表演一場沒完沒了的戲劇，需要欣賞。如果沒人欣賞，表演就失去了意義了。

像愛媽媽一樣去愛婆婆

常言道：「家家有本難念的經」，其中一本就叫「婆媳經」。在家庭中，兩代人之間的矛盾和衝突，最明顯和最常見的，是出現在婆媳關係上。婆媳不合，是使不少人提起就搖頭嘆息的問題。人們都稱妻子是「新娘」，這家裡突然多出來一個娘，那當「舊娘」的多少心裡有點不舒服。況且自己養了二十多年的兒子，突然間就成了別的女人的了，換作自己也會不捨得。

一個朋友和婆婆住在一起，每天早晨婆婆都早起給他們準備早餐。時間長了，朋友有點過意不去，於是第二天她比婆婆早起，給一家人做好了早餐。沒想到第三天的時候，她再起來發現婆婆已經起來準備了。她決定再起的早一點，沒想到接下來的一天婆婆起的比她更早了。無奈之下她只好任由婆婆了。

這樣過了沒多久，朋友的老公看不下去了，說朋友不懂得心疼他媽，總讓他媽一個人做早餐。朋友一聽便生氣，從此便開始怨恨婆婆。本來還好好的，經自己丈夫這樣一說，她便怎麼看婆婆都不順眼。終於有一天，因為一點小事情，她對婆婆發了脾氣，恰好被剛進門的丈夫發現了，不由分說，上來就給了朋友一巴掌。朋友一氣之下回了娘家，原本幸福的家庭，現在岌岌可危。

其實，婆婆和我們自己的媽媽一樣，只不過她是丈夫的媽媽。如果作為媳婦的能夠站在婆婆的立場上想一想，那麼許多婆媳關係就可以迎刃而解了。我身邊有很多「婆婆」的角色，在她們的心裡，更多的不是挑剔兒媳的不是，而是怕兒子有了媳婦以後就不再想著自己，也怕媳婦不能夠接納她，她們怕自己老了的時候無依無靠，怕自己得不到兒子和媳婦的需要。如果有一天我們當了父母，或者是已經有了孩子，你可以想想你是怎麼愛自己孩子的，那麼你就會很容易的理解婆婆了。

當然不乏有一些刁蠻的婆婆，可是如果作為媳婦的能多拿出一點耐心來，多拿出一點體貼之心來，你會發現，其實婆婆也可以像媽媽一樣地愛我們。

小舟的丈夫死了，確切點說應該是前夫。在她丈夫發生意外的前幾天他們剛剛辦理完離婚手續，孩子歸小舟，丈夫每個月付養育費。

丈夫喪禮結束沒幾天，一直住在鄉下的婆婆提出要來和小舟一起住。而且是以幫她照看孩子為理由，小舟有點不知所措了。正想告訴婆婆說她們已經沒有任何關係了，婆婆卻掛了電話。沒幾日，婆婆真的來了。小舟到車站接她的時候，她背了三大包的東西，只有一個小包裝著自己的衣服，其餘的都是帶給她和女兒的吃的。小舟有些感動，連忙去拿包，婆婆不肯，自己背起來就走了。

第三天，小舟下班回家的時候，發現保姆不見了，一問才知道，被婆婆給辭退了。小舟怪婆婆魯莽，以後的家事誰來料理，孩子上幼稚園還需要保姆來接送。結果婆婆胸有成竹地說：「我來做，我已經學會怎樣用那些電器了，也知道怎麼去幼稚園，你放心吧，我自己的孫女，不會讓她丟了。」小舟只能默認了婆婆的做法。

轉眼兩年過去了，小舟已經適應了婆婆在身邊的日子。每天回家婆婆都會做好可口的飯菜，女兒天天跟著婆婆睡。這個原本已經破碎的家，在婆婆的料理下，又重合在一起了。小舟甚至希望婆婆就這樣住下去。

沒想到有一天當她回家的時候，婆婆已經收拾好自己的東西了，用的還是她來的時候那個小包。小舟愣住了，婆婆說孩子長大了，小舟也該有個歸宿，她不能在這裡拖累小舟。不論小舟如何挽留，婆婆就是不願意留下來，執意要走。萬般不捨之下，小舟只好送婆婆去車站。到了車站，婆婆才說出實情，原來她早已經知道兒子和小舟離婚的事情，自己的兒子對不起小舟，她來替自己的兒子還債，婆婆告訴小舟，在家裡的沙發下，她放了兩千塊錢，鄉下人沒什麼錢，讓小舟別嫌少，算是她給小舟的嫁妝。

車開走了，車站上只留下小舟一個人淚如雨下。

故事中的婆婆帶給我們的感動是不言而喻的，每個當媳婦的都會羨慕小舟有這樣一

個好婆婆。天下的婆婆都是一樣的，沒有好壞之分，關鍵在於媳婦和兒子怎樣去做。媳婦對待婆婆如果能像對待自己的母親一樣，我想婆婆也會像對待女兒一樣對待媳婦的。

【進取之道】

人心都是肉長的，更何況是我們也要喊一聲「媽」的人。既然這樣稱呼了，就要這樣去對待，尊敬婆婆，孝順婆婆，關愛婆婆，相信以後就可以得到雙倍的母愛了。

把親人種在心裡

我們總是把幸福掛在嘴邊，卻很難給幸福下定義。幸福有時候很簡單，只要有親人的人，就是幸福的。有親人，在這個世界上，不管你走到哪裡，都有人關心著你，惦記著你；有親人，只要你感覺到累了倦了，總有一個懷抱屬於你。

然而這個世界上，總有一些人不如我們幸運，當我們肆意地揮霍著親人給我們的愛時，有的人卻連做夢都想得到親人的愛。

前幾天看到一個影片中一個生吞活蛇的年輕人，他的行為讓在場每一個觀看的人都忍不住嘔吐，但是他卻似乎吃得「津津有味」。後來經過權威醫生的鑑定，他所吞食的活蛇，並不是因為他覺得美味才吃，而是出於一種心理問題。

聽了專家的判斷，記者和這個年輕人了聊了起來。從年輕人的講述中，記者了解到，他的父親早逝，母親改嫁，年幼的他只能依靠自己的力量，十三歲就出來打拚，身邊沒有朋友，也沒有親人，他感到十分的孤獨，後來他發現生吞活蛇能夠得到更多人的關注，而這種關注能夠填補他心中對親情的渴望。

看完這個影片以後，我心裡久久不能平靜。是不是真的要到沒有的時候，我們才能體會出珍貴。在我們身邊唾手可得的親情，我們是否認真地去對待過，去珍惜過。

親情，是不需要用太多的華麗辭藻去修飾的，也不需要每天掛在嘴邊。親情需要我們把它放在心裡，就算是經過歲月無情的洗禮，不會失去光芒的。就像是蘇軾寫過的一首詞「十年生死兩茫茫，不思量，自難忘。千里孤墳，無處話淒涼。縱使相逢應不識，塵滿面，鬢如霜。夜來幽夢忽還鄉，小軒窗，正梳妝。相顧無言，惟有淚千行。料得年年腸斷處，明月夜，短松岡。」記得當年學這首詩的時候，只看了兩遍，就深深地記住了。蘇軾和他妻子的感情，已經在歲月的沉澱中漸漸昇華為親情了。這種不常常想起，卻從來不會忘記的感情深入到了人心。

親人對我們的付出是不求回報的，是無怨無悔的。它不如情人的感情來的那般迅猛；也不如朋友的感情來得那樣綿延；可是它卻是陪伴我們一生的，用細水長流的感情，滋潤著我們的生活。也許正是因為這樣，親人才總是會被我們忽略。當你每天忙碌的時候，請你算一算，這一天，這一個月，乃至這一年，你陪在父母，妻子或是老公，孩子還有兄弟姐妹身邊的時間是多少呢？我想很多人都應該對一個廣告有很深的印象，內容是一個小女孩用自己的零用錢買自己的爸爸陪她一天。其實在現實生活中，真的有這樣的事情存在。

朋友的事業一直很順利，可以說是年輕有為，當然這也是和他的努力分不開的。他的大部分時間都用在了工作上和各種交際上。家裡的事情大部分都是由他妻子來照料，女兒都上幼稚園了，他也沒有真正地陪孩子玩過一次。

一天從公司回到家中已經很晚了，平時早已經進入夢鄉的女兒妞妞仍然坐在沙發上，看到他進門一下子就撲到他的懷裡，說道：「爸爸，明天是兒童節，我要表演節目給其他小朋友看，你能不能也去看我表演。」朋友聽了女兒的話很高興，立刻答應說：「好。」但是隨即又想到明天還有一個重要的會議，又連忙說道：「真對不起寶貝，爸爸明天有很重要的事情，媽媽代替爸爸去好不好？」一邊說還一邊向妻子使眼色。妻子看到連忙出來給他打圓場，儘管女兒一臉的不願意，還是不得不跟著妻子一起回到房間睡覺。在一旁的母親忍不住說了他一句：「你也應該多陪陪妞妞。」

房間裡，不管妻子怎麼哄，妞妞就是睜著兩雙大眼睛不願意睡覺。忽然問道：「媽媽，為什麼爸爸那麼忙？」妻子回答說：「因為爸爸要賺錢養家啊，這樣你和我，還有爺爺奶奶才有衣服穿，有好吃的吃啊。」妞妞似懂非懂地點點頭，繼續問到：「那爸爸一天賺多少錢？」妻子不知道怎樣來衡量這個數字，只好隨口說道：「賺五十塊錢。」聽到媽媽的回答後，妞妞立刻從被窩裡爬出來，走到奶奶身邊，和奶奶說：「奶奶，你能不能把今年的壓歲錢提前給我？」奶奶聽了，好奇地問為什麼。妞妞回答說：「我想給爸爸發一天的工資，讓他去看我的演出。」

孩子的話正巧被從廁所出來的同學聽到，他幾乎控制不住自己的情緒，站在廁所裡許久，才走出來對女兒說：「爸爸明天一定去，你放心。」

失去了工作我們可以再找，沒有賺到的金錢，我們還可以再賺，可是失去的親人，是永遠也無法挽回的。把親人放在自己的心裡，常常的惦記著他們，一如他們惦記我們一樣。

【進取之道】

珍惜你的親人吧，每一個和你有血緣關係的親人，把他們種在自己的心裡，不需要多大的位置，但一定要是最重要的位置，夜深人靜想起他們的時候，你才會覺得幸福。

每一個孩子都是一座寶藏

現在越來越多的資訊溝通管道，方便了人與人之間的交流，但是卻無法使父母和孩子之間建立起溝通的平台。在生活中，大多數父母都想了解孩子的想法，卻發現，越是費盡心思去了解越是不明白他們在想什麼?畢竟，每個父母和孩子出生的年代和所經歷的年代都是有所差距的，不論是從誰的角度出發，看待事情總是有一定差距的。這就是父母和孩子之間產生問題的根源所在。

從孩子出生的那一刻起，你個人的身分就發生了變化，也許連你自己都沒有做好當家長的準備，更不要說做好教育孩子的準備了。家長常常把自己的想法附加在孩子身上，很少會去體會孩子是否樂於接受。因為在家長看來，自己的決定就是正確的，是為了自己孩子將來。於是，孩子在小小的年紀就要去各種的加強班。當孩子為此提出異議的時候，家長就會說孩子是不懂得學習，不求上進;當孩子達不到家長的要求時，就說孩子不努力，沒有別人家的孩子好。其實在孩子的心裡，家長的一言一行對他們的影響是很深刻的。家長的否定甚至是謾罵，都會給孩子的心靈造成一定的創傷。

大學畢業十年以後，大家又聚到一起。談論的最多的除了自己的丈夫就是孩子。我坐在一邊的椅子上，一直沒有開口。女兒的學習成績一直不理想。聽著其他同學的孩子，不是這個在作文比賽中得了第一名，就是那個鋼琴考過了九級……一個比一個優秀，我心中暗暗怪著自己的孩子不爭氣，讓她老媽我在同學面前抬不起頭來。

這時，大家問到以前的班長，因為上學的時候，她成績最好，她的孩子肯定也不差。誰知，這次考試她的孩子考了五十六名。大家都以為是年級名次，正準備大讚一番，班長很快地又補了一句：「是班級的。」這時，在座的同學都認為班長一定被自己的孩子氣壞了，考那麼差，居然還好意思說。正當我心裡稍微感到安慰的時候，班長又說話了：「我們孩子考試的時候沒考好，是走後門才進學校的。全班六十八個人，我以為他會考倒數第一，沒想到倒數第一卻不是他。要知道，在他後面的那些學生裡，除了兩個藝術生，其餘的都是自己考進去的。我不認為我的孩子讓我丟臉。」

聽完班長的話，我更加羞愧了。這次不是因為孩子，而是因為我自己。我常常說女兒不是一個合格的學生，卻從來沒有想過自己是不是一個合格的家長。

作為家長，我們會常常以我們自己的標準來衡量孩子，比如學習，比如特長等等，其實這些都只是一方面。我們不能說孩子學習不好就一無是處，用心去發現，你就會發現，孩子的身上有著許多我們沒有發現的特點，比如：孝順、有愛心、善良……這些要比他們的缺點多，關鍵在於你怎麼去挖掘。

那天路過幼稚園，正趕上幼稚園放學，許多家長都來接孩子。

一個小男孩一邊走一邊和他媽媽說：「媽媽，老師讓我們捐款，那些災區的小朋友好可憐，他們沒有吃的，也沒有穿的。」

那位媽媽聽後，一連不屑地說：「捐什麼款，你一個小孩子又沒錢。」

「可是他們好可憐，我以後不吃冰淇淋也不要玩具了，可不可以把我剩下的錢捐給他們。」

聽孩子這樣說，媽媽不由得笑了：「傻孩子，你傻呀，你那點錢根本不夠他們讀書吃飯的，還是算了吧！」

「可是……」

「別可是了，趕快走吧，回家媽媽還要做飯。」

我看著他們走遠，也分明看見那個孩子眼中噙著的淚水。快走到家的時候，碰見了我們的鄰居。她的小孩也在上幼稚園，碰巧他們也在談論捐款的事情。可是我鄰居的回答卻和那位母親大相逕庭。

聽完孩子說要捐款的事情後，她輕輕地問：「那寶寶打算給災區的小朋友捐多少錢啊？」

孩子認真地掰著手指頭算，然後說：「我有五十塊錢，過幾天外婆過生日，我還想給外婆送禮物，可是我又想多捐點。」說完，小臉蛋上露出懊惱的神色。

鄰居聽了孩子的話，也假裝做思考的狀態，然後試探性地問道：「寶寶，你看這樣行嗎？你捐五十塊錢給災區的小朋友，然後媽媽和你一起親手做一個禮物送給外婆，好不好？」

看到媽媽幫自己的解決了難題，小孩子高興地連蹦帶跳，拉著他媽媽的手說自己有一個天底下最聰明的媽媽。然後就聽見他們的笑聲傳到很遠很遠。

我們作為大人都渴望得到別人的肯定，聽到別人的讚賞，更何況是一個孩子呢？孩子和我們大人相比，他們的心靈更加純潔，更加透澈，也許我們不經意的一句話，都會給孩子的心靈造成永遠的傷害。一個總是被家長說「沒用」、「沒出息」的孩子，我相信，就算他有用，有出息，也不會相信自己能行的。

【進取之道】

每一個孩子都是一座寶藏，而家長就是探索寶藏的人。如果不想讓這座寶藏消失掉，家長就要選擇一條正確的道路。否則，你找到的就不是一座寶藏，而是一座廢墟。

曾經愛過，就是美好

我相信在每個人的生命中，都會有一個自己曾經深愛的人，也許你們已經開花結果，也許你們已經退回到朋友的身分，或許你們已經成為了彼此生命中的過客，但是不管是什麼情況，曾經愛過，就是一種美好。不要為了逝去的而惋惜，也不要為了沒有得到而悔恨，因為曾經擁有過就是幸福。

蕭亞軒有一首歌叫做《最熟悉的陌生人》，裡面有一段旁白是：分手後，不能做敵人，因為曾經深愛過；也不能做朋友，因為曾經彼此傷害過。於是，我們就成了這個城市中，最熟悉的陌生人。這首歌唱出了很多人的心聲，其實，已經過去的事情，為什麼還要去計較呢，總是以愛的名義，不肯放手，自己也不會快樂。曾經的戀人，也許不是陪你走過這一生人的，但是你們曾經快樂過，曾經幸福過，他（她）曾陪你走過人生的一段路，你的那段路上就是開滿了鮮花的，你的青春歲月裡就不是一張白紙，會因為他（她）的出現，而渲染出美麗的圖案。

大學時，教我們社會學說的教授，是一個謙和，睿智而又儒雅的男人，他的風度吸引了很多女生的目光，這其中就有我的朋友。但是這個老師有家室，他有一個美滿的家庭，而他也是一個好男人，對於一群情竇初開的青春少女，他始終保持著適當的距離。

朋友的容貌在班級裡是數一數二的，成績也很優秀。面對身邊的眾多追求者，她都像沒有看到一樣，一顆心全在了老師身上。但是她知道，她不會做第三者。遇到不懂的問題，她會像老師請教，兩個人經常一談論就談論到教學樓關門；他們也會一起出去吃飯，只是都會叫上其他的同學；她也會到他的家裡去做客，真心地稱讚他妻子的賢慧。

轉眼間，朋友要畢業了。紀念冊在同學之間傳來傳去，最後，朋友把自己的紀念冊給了老師，希望能得到他的隻言片語。紀念冊在老師那裡放了整整三天，才到她的手裡，當她看到紀念冊的時候，在寢室中放聲大哭，只見上面寫著一首席慕容的詩：「不是所有的夢都來得及實現，不是所有的話都來得及告訴你，內疚和悔恨，總要深深地種植在離別後的心中。你是聰慧的女孩，我想你亦懂得我的內心，距離總歸是美，未來廣闊，你有比我更好的未來，更幸福的歸宿。」

很多年後，我再問起我的朋友，她說他們現在還是朋友，只是在每年過節的時候問候一下。他和她都各自有著自己幸福的生活，對於曾經的那段感情，從來沒有感到遺憾，有的只是美好。

不要在過去的感情中流連忘返，也不要認為那是一段難以啟齒的傷痛，其實那只是你生命中的一個階段，只是每個人的稍有不同罷了。但是結局總是一樣的，那就是因為曾經愛過，你的生活才會更美好。讓每一段曾經的戀情和曾經的戀人，都站在你生命中的那一個階段，偶爾回頭看看，那是你走過的人生。然後轉過頭，繼續你現在的生活。

當事過境遷，物是人非後，我們應該記住曾經的那些美好，忘記那些傷害。只有這樣，你才能全身心地享受現在的生活，體會現在生活中的美好。當再次在擁擠的街頭相見時，面對曾經的戀人，不要再裝作素不相識，給對方一個微笑，我想對方會明白這笑容中所包含的含義，那就是希望你幸福，希望你會擁有幸福。

【進取之道】

相濡以沫，不如相忘於江湖。曾經滄海難為水，除卻巫山不是雲。曾經一起走過，就算沒有辦法走到最後，留下的回憶也是美好的。

「感恩」是張通行證

人的一生中，需要感謝的人很多，一直給我們關懷的家人，陪伴我們一生的愛人，和我們惺惺相惜的知己……除了這些經常出現在我們身邊的，還有一些人是需要我們去感謝的，比如，曾經授予我們知識的老師，比如曾經給予我們幫助的陌生人，甚至是那些促進我們成長的對手。

首先，我們應該感謝我們的父母，是父母給了我們生命，是他們將我們養育成人，給了我們這個世界上最偉大而崇高的親情；感謝我們的兄弟姐妹，是他們讓我們體會到了什麼是手足情深；感謝我們的兒女，是他們給我們帶來了生命的活力。

同時，我們也要感恩我們身邊的朋友，「歲寒知松柏，患難見真情」。一個真正的朋友，是我們堅實的依靠。我們還應該感恩我們的老師，因為是他們為我們打開了知識的寶庫，為我們照亮了人生道路的燈塔，給了我們在人生大海上奮鬥的船槳。

其次，我們應該感謝那些曾經出現在我們生命中的陌生人，雖然他陪伴我們的時間很短暫，也許只是一段行程，也許只是一個瞬間，但是在那一刻他們曾經給過我們溫暖。感恩我們的親人朋友，是因為我們之間的付出是互相的。而對於陌生人，當他們付出自己的一點情感時，會更加顯得彌足珍貴。我曾經聽到過這樣一個故事。

一個獨居的女孩剛搬新家，她沒有親人，性格孤僻。在她的隔壁住著一戶窮人家，是一個女人和兩個孩子，他們總是穿著髒髒的衣服，臉也好像從來沒有洗過一樣。

有一天晚上，忽然停了電，這個女孩匆匆忙忙找出蠟燭來點上，屋子剛剛發出亮光，她就聽見了敲門聲。打開門一看，原來是隔壁的那兩個孩子，只見他們緊張地問道：「阿姨，請問你家有蠟燭嗎？」女孩聽了心想：他們家窮的連蠟燭都沒有嗎？不能借給他們，形成了習慣，以後他們會總來麻煩她的。於是她不耐煩地對兩個小孩說：「沒有！」

令她沒有想到是，聽完她說的話，那兩個小孩展開關愛的笑容說：「我就知道你家一定沒有！」說完竟從懷裡掏出一根蠟燭來，說：「媽媽說怕你一個人住有沒有蠟燭，所以讓我們帶蠟燭來送給你。」聽完孩子的話，自責、感動的淚水立刻充滿了眼眶。

來自一個陌生人的愛，也許不是長久的，但是留在我們心中的感動確實永遠的。當有人在你摔倒時扶了你一把，當有人在你哭泣時遞給你一張紙巾，當有人在你無助時伸出了援助之手。請你一定要記得，回報給他們一個燦爛的微笑，並記住每當想起來時，要在心裡默默地感謝他們。

最後，我們還要感恩那些曾經傷害過我們的人。記得信樂團的《海闊天空》中，有一句歌詞是這樣的「冷漠的人，謝謝你們曾經看輕我，讓我不低頭，更精彩的活。」當我們被人傷害，被人背叛，被人欺負時，當時的心情肯定是糟糕的，甚至會恨那個人，可是當這件事情過去以後，你會發現，正是因為他們的傷害，你才能站得更筆挺，活得更堅強。

我問自己的朋友，恨不恨從前的男朋友。她笑了笑說：「不恨了，甚至有些感謝他。如果不是他狠心傷害，我也不可能成長地這樣迅速。」誰也不曾想到，今天說出這番話的她，曾經為了那個男人自殺過，甚至想要同歸於盡過，被學校處分，被警察局扣留，被家長指責，可謂是一切災難都因為那個男人的花心而引起。

時間過了許久，曾經的傷害，就變成了成長劑，鞭策著朋友不斷地長大，不斷地成熟。

只要我們能夠擁有一種感恩的思想，它就可以提升我們的心智，淨化我們的心靈。感謝我們生命中的那些人，不僅僅是想著要報恩，有些恩情更不是我們等量回報就能夠一筆還清的。唯有我們用純真的心靈去感動，去銘刻，去永記，才能真正對得起給我們恩惠的人。

感恩是一種責任，是為人處世的哲學，是生活的智慧，更是愛的花朵。心懷感恩，希望才會飄落人間；心懷感恩，幸福才會萌生心田；心懷感恩，世界會變得更溫暖而美麗；心懷感恩，生命會時時充滿活力和詩意。就讓我們懷著一顆感恩之心，並時時獻出一份愛心，讓更多的人享受幸福吧！

【進取之道】

心中充滿恨的時候，你看到的世界只可能是黑色的，當你心中充滿愛的時候，你的世界就是五彩繽紛的。

電子書購買

國家圖書館出版品預行編目資料

成功啦！哪次不成功：完美套用的成功學心法 /
王郁陽 著 . -- 第一版 . -- 臺北市：崧燁文化事業
有限公司 , 2021.07
面；　公分
POD 版
ISBN 978-986-516-643-4(平裝)
1. 成功法 2. 自我實現
177.2　　110005729

成功啦！哪次不成功：完美套用的成功學心法

臉書

作　　者：王郁陽
發 行 人：黃振庭
出 版 者：崧燁文化事業有限公司
發 行 者：崧燁文化事業有限公司
E-mail：sonbookservice@gmail.com
粉 絲 頁：https://www.facebook.com/sonbookss/
網　　址：https://sonbook.net/
地　　址：台北市中正區重慶南路一段六十一號八樓 815 室
Rm. 815, 8F., No.61, Sec. 1, Chongqing S. Rd., Zhongzheng Dist., Taipei City 100, Taiwan (R.O.C)
電　　話：(02)2370-3310　　**傳　　真**：(02) 2388-1990
印　　刷：京峯彩色印刷有限公司（京峰數位）

定　　價：320 元
發行日期：2021 年 07 月第一版
◎本書以 POD 印製